AF453267

MANUEL
DE MORALE

PRATIQUE

A L'USAGE DES ÉCOLES

A LA MÊME LIBRAIRIE

DU MÊME AUTEUR :

Recueil alphabétique de citations morales des meilleurs écrivains, prosateurs et poëtes, historiens et philosophes de tous les temps et surtout contemporains, ou *Encyclopédie morale*. 1 beau vol. grand in-8 jésus à deux colonnes, contenant la matière de huit volumes in-8 ordinaire, broché........... 6 fr.

Ouvrage adopté par la Commission officielle des livres pour prix et pour toutes les bibliothèques scolaires de France.

Le livre de tous. 1 vol. in-18, broché............... 75 c.

CORBEIL. Imp. et stér. de CRÉTÉ FILS,

MANUEL DE MORALE

PRATIQUE

A L'USAGE DES ÉCOLES

PAR

ÉMILE LOUBENS

CHEF D'INSTITUTION HONORAIRE, CHEVALIER DE LA LÉGION D'HONNEUR,
OFFICIER DE L'UNIVERSITÉ

Cet ouvrage, approuvé par la Société des Chefs d'Institution,
a été honoré d'une médaille par la Société d'Instruction élémentaire
et par la Société d'encouragement au bien

1ʳᵉ PARTIE

QUATRIÈME ÉDITION

PARIS

LIBRAIRIE CH. DELAGRAVE

58, RUE DES ÉCOLES, 58

1875

PRÉFACE

———

Ayant remarqué combien est faible, dans l'éducation publique, le résultat que les maîtres obtiennent auprès de leurs élèves sous le rapport moral, nous avons cru en trouver la cause dans ce que, en général, on s'y occupe plus d'exercer l'intelligence que de perfectionner la raison, de cultiver l'intelligence que d'éclairer la conscience. C'est ce qui nous a engagé à composer un Cours de Morale où sont exposés, avec les devoirs communs à tous les hommes, ceux qu'il importe le plus aux enfants de connaître et d'étudier.

Dans ce Cours, une série de leçons déroule les obligations de chacun envers le Créateur, envers sa famille, envers toute l'humanité, envers soi-même. Destinées à des esprits qu'on ne peut captiver que par la variété, et par l'attrait d'une étude récréative, toutes ces leçons renferment plusieurs parties distinctes, mais successivement reproduites. Ce sont des anecdotes relatives au sujet de l'enseignement, une instruction qui présente comme la moralité des faits racontés, un recueil de maximes faciles à comprendre et à retenir, un choix de fragments littéraires appropriés à l'intelligence des élèves. Un questionnaire est placé à la suite des parties principales, afin de fixer l'attention des enfants sur les idées essentielles, de les habituer à réfléchir, ainsi qu'à bien rendre leurs observations

En faisant entrer dans chaque leçon des éléments divers, nous avons voulu fournir assez de matériaux pour qu'on pût, avec notre livre, exercer les élèves à la lecture et à l'élocution, en cultivant leur mémoire, et même en les initiant à l'art d'écrire. En effet, supposons une réunion d'enfants d'âges différents : les uns liront une partie de la leçon, d'autres répondront aux interrogations ; à de plus avancés on dictera les questions du livre en leur imposant l'obligation d'y joindre des réponses écrites. Transcrire les maximes et les fragments littéraires pourra faire l'occupation du plus grand nombre. Plusieurs rapporteront de mémoire et par écrit les anecdotes, les instructions. Il s'en trouvera peut-être quelques-uns qui, une fois un titre donné et les faits historiques connus, seront en état de rédiger eux-mêmes les instructions et d'écrire des réflexions sur ce sujet, aussi bien que sur les autres indiqués à la fin des chapitres, comme susceptibles de développements semblables à ceux qui précèdent.

Du reste, voici à peu près comment, dans une maison d'éducation, **on** pourrait s'y prendre.

Un seul jour serait consacré à l'étude de la Morale. Pour tous les élèves d'une école, une heure et demie suffirait; pour une seule division, il faudrait une heure, mais alors chaque division aurait droit au même temps.

La leçon commence par la lecture d'une anecdote. Après l'avoir lue **une** fois, le maître en reprend chaque phrase, fait sentir, par ses explications, ce que l'intelligence peu avancée ou la légèreté des enfants ne leur permet pas de saisir immédiatement; puis les premiers des divisions lisent à leur tour ce qu'ils ont déjà entendu.

Viennent ensuite les questions auxquelles répondent successivement les élèves. A celles qu'il trouve préparées, le maître en ajoute ou en substitue autant d'autres qu'il le juge convenable; et s'il ne suit pas l'ouvrage à la lettre, il y trouve du moins des éléments de travail et un ordre d'exercices qui doivent, par une répétition fréquente des mêmes choses, fixer dans le souvenir des écoliers, les idées qu'il importe de leur donner.

Il sera peut-être bon de ne faire raconter les faits cités qu'aux plus forts, auxquels on demandera aussi d'exposer leurs réflexions.

Il y aura pour les anecdotes, comme pour le reste. des choix à faire et des modifications à introduire. Les maîtres qui connaîtront d'autres faits intéressants, et d'un rapport direct à l'objet de la leçon, feront très-bien de les joindre à ceux du livre. Les institutrices auront surtout des soins particuliers à prendre. Toute anecdote où des femmes rempliront les principaux rôles devra obtenir leur préférence. Elles sauront aussi laisser de côté ce qui s'adresse spécialement à des garçons, pour lesquels ce livre a été surtout composé.

Il est possible que la lecture et la récitation des anecdotes, puis l'instruction faite à la suite, prennent tout le temps d'une leçon, et que la matière d'un chapitre n'ait pu être complétement exposée; alors, dans la leçon suivante, le professeur, après une analyse rapide des objets précédemment parcourus, commencera l'explication des fragments cités, dictera ceux qui lui sembleront dignes d'être conservés sur des cahiers. Afin d'entretenir encore les esprits des mêmes sujets en dehors des leçons, il ferait bien de prendre dans ces textes de quoi composer des modèles d'écriture, des inscriptions placées durant un certain temps sur des tableaux en vue de tous. Au nombre des exercices de mémoire, il mettra l'étude des morceaux de prose, des fables et autres pièces de vers, les fera répéter pendant la semaine et encore une fois le jour de la leçon de Morale, jusqu'à ce que la totalité d'un chapitre ait été épuisée (1).

Dans les divisions supérieures on fera lire et raisonner l'ensemble d'une leçon ; puis, désignant un des sujets énumérés à la suite, on le donnera à développer. Les élèves devront alors rédiger eux-mêmes une leçon nouvelle, qui sera composée des mêmes parties que celles de l'ouvrage. Le maître qui n'aura pas d'écoliers assez avancés fera, de son côté, une chose utile si, en suivant notre plan, il prend la peine de le compléter par un travail particulier sur tous ces sujets dont les titres seuls sont énoncés (2).

———

(1) Dans les établissements où l'on ne craindrait pas de proposer aux familles l'achat de l'ouvrage, il serait bon que chaque élève eût son livre ; ce qui assurerait plus d'attention aux explications, et dispenserait d'employer une partie du temps à dicter.

(2) Si le maître ne veut pas ou n'a pas le temps de prendre cette peine, il trouvera le travail tout fait dans notre *Encyclopédie Morale* ou *Dictionnaire d'Éducation*.

SOMMAIRE

DE LA PREMIÈRE PARTIE

—

<table>
<tr><td>Leçons.</td><td colspan="2">Sujets à développer à la suite de chaque leçon.</td></tr>
<tr><td>I</td><td>Étude de la morale. Devoir.</td><td></td></tr>
<tr><td>II</td><td>Devoirs envers Dieu.
Existence de Dieu. Monothéisme. Polythéisme Panthéisme, Athéisme.</td><td></td></tr>
<tr><td>III</td><td>Amour de Dieu. Oubli de Dieu.</td><td></td></tr>
<tr><td>IV</td><td>Crainte de Dieu. Impiété.</td><td>Sacrilége.</td></tr>
<tr><td>V</td><td>Adoration de Dieu Tolérance.</td><td>Indifférence religieuse.</td></tr>
<tr><td>VI</td><td>Religion. Superstition.</td><td>Hypocrisie.</td></tr>
<tr><td>VII</td><td>Devoirs envers les parents. Reconnaissance Vénération.</td><td>Ingratitude. Irrévérence.</td></tr>
<tr><td>VIII</td><td>Devoirs entre frères et sœurs. Attachement à la famille. Dévouement fraternel.</td><td>Jalousie.</td></tr>
<tr><td>IX</td><td>Devoirs envers les proches. Respect pour les droits de parenté.</td><td>Oubli des liens du sang</td></tr>
<tr><td>X</td><td>Devoirs envers les maîtres. Conviction de son infériorité durant l'enfance et la jeunesse.</td><td>Aversion de l'autorité.</td></tr>
<tr><td>XI</td><td>Devoirs envers tous les hommes. Charité.
Humanité,
Bienfaisance.
Générosité.
Désintéressement.
Fidélité.
Justice.
Probité.
Amour de la patrie.
Observation des lois.</td><td>Insensibilité.
Cruauté.
Injustice.
Avarice.
Fraude.
Envie.
Haine.
Vol.
Vengeance.
Meurtre.</td></tr>
</table>

———

MANUEL

DE

MORALE PRATIQUE

A L'USAGE DES ÉCOLES

PREMIÈRE PARTIE

LEÇON I

—

ÉTUDE DE LA MORALE

—

NÉCESSITÉ D'UNE BONNE ÉDUCATION MORALE.

Pierre Iᵉʳ, czar de Russie, civilisa l'empire dont il fut le chef. Avant lui, les Moscovites étaient dans un état voisin de la barbarie ; il introduisit parmi eux les sciences et les arts qui prospéraient dans le reste de l'Europe ; il corrigea même par ses lois des mœurs et des coutumes incompatibles avec les progrès qu'il leur fit faire. Mais, en régénérant ainsi sa patrie, il ne put arracher de son caractère les vices qui, par suite d'une éducation négligée, y avaient pris racine. Il était sujet à des emportements dont la violence lui laissait toujours de vifs regrets; et un jour, après un accès de colère qui le faisait rougir, il s'écria : « Malheureux! j'ai réformé ma nation, et je n'ai pu me réformer moi-même! »

Questionnaire.

De qui s'agit-il dans cette anecdote? — De Pierre Ier.

Qu'était Pierre Ier? — Czar de Russie.

Que signifie le mot *czar*? — *Souverain*. On remplace aujourd'hui ce titre par celui d'*empereur*.

Qu'est-ce que la Russie? — Une contrée étendue placée à l'est de l'Europe, et séparée de l'Asie par les monts Ourals.

Dans quel état se trouvait ce pays à l'avénement de Pierre Ier? — Dans un état voisin de la barbarie.

Que fit Pierre durant son règne? — Il introduisit parmi les Russes les sciences, les arts, et corrigea par ses lois les mœurs et les coutumes.

Quelle est la chose qu'il ne put accomplir? — Il ne put arracher les vices de son caractère.

Quel sentiment éprouvait-il, quand ses mauvaises habitudes l'avaient entraîné? — Il éprouvait toujours de grands regrets.

Quelle réflexion l'anecdote doit-elle inspirer? — La conduite de l'homme pendant toute sa vie dépend de l'éducation qu'il a reçue dans ses premières années.

Racontez l'anecdote. — Dites ce que vous en pensez.

L'ENFANT GÂTÉ.

Une dame avait un fils, et craignait si fort de le rendre malade en le contredisant, qu'il était devenu un petit tyran, et entrait en fureur à la moindre résistance qu'on osait faire à ses volontés les plus bizarres. Le mari de cette dame, ses parents, ses amis lui représentaient qu'elle perdait ce fils chéri : tout était inutile. Un jour qu'elle était dans sa chambre, elle entendit son fils qui pleurait dans la cour : il s'égratignait le visage de dépit, parce qu'un domestique lui refusait une chose qu'il voulait. « Vous êtes bien méchant, » dit-elle à ce valet, de ne pas donner à cet enfant ce » qu'il demande : obéissez-lui tout à l'heure. » — « Par » ma foi, madame, répondit le valet, il pourrait crier » jusqu'à demain, qu'il ne l'aurait pas. » A ces mots, la dame en colère passe dans une salle où était son mari avec quelques-uns de ses amis, et le prie de la suivre pour mettre dehors ce serviteur qui lui résiste. Le mari l'accompagne, pendant que la société regarde par la fenêtre ce dont il est question. « Insolent, dit-il » au valet, comment avez-vous la hardiesse de déso- » béir à madame, en refusant à l'enfant ce qu'il vous » demande? » — « En vérité, monsieur, dit le domes- » tique, madame n'a qu'à le lui donner elle-même. Il » y a un quart d'heure qu'il a vu la lune dans un seau » d'eau, et il veut que je la lui donne. » A ces paroles, le mari et toute la compagnie partirent d'un éclat de rire; la dame elle-même, malgré sa colère, ne put s'empêcher de rire aussi. Ensuite elle fut si honteuse de cette scène, qu'elle surmonta sa faiblesse, et parvint à faire un aimable enfant de ce petit être maussade et volontaire.

Questionnaire.

Peut-on craindre de rendre un enfant malade en le contredisant? — Jamais, si on ne lui a pas laissé prendre des habitudes de colère; et quand même il devrait souffrir de la contradiction, il vaut mieux lui faire éprouver, dans son intérêt, une peine passagère, que de manquer une occasion de le reprendre utilement.

Que devient un enfant qu'on n'a jamais contredit? — Un petit tyran, qui entre en fureur à la moindre résistance qu'on ose faire à ses volontés les plus bizarres.

A quel danger l'expose-t-on en se refusant à le contredire ? — A contracter des habitudes vicieuses capables de le perdre un jour.

Quel vice dénotait alors la conduite de l'enfant gâté? — La colère.

Était-il la seule personne de sa famille qui eût un pareil défaut? — Non ; sa mère y était aussi sujette.

Quelle est souvent la punition des gens qui se livrent à un vice? — C'est d'avoir des enfants qui leur ressemblent, et qui les rendent bien malheureux par leur mauvais caractère.

Quel succès obtint la mère en donnant une meilleure éducation à son fils ? — Elle parvint à faire un aimable enfant de ce petit être maussade et volontaire.

Racontez l'anecdote. — Dites ce que vous en pensez.

INSTRUCTION.

Pierre Ier a mérité le titre de grand homme par les glorieuses et utiles entreprises qu'il a exécutées. Son génie l'avait élevé au-dessus de son peuple ; et la renommée qu'il s'est acquise, il ne l'a due qu'à lui-même. Son éducation ayant été négligée, ce prince sentit ce qui lui manquait, et rechercha avidement les connaissances nécessaires à un souverain. Mais s'il chassa de son esprit l'ignorance, il ne put affranchir son caractère des mauvaises habitudes qui le dominaient ; malgré ses ardents désirs, la chose était trop difficile. A tout âge, il est bien possible d'acquérir de l'instruction, mais il ne l'est pas de réformer les vices de son humeur.

Cela ne saurait se faire que dans les premiers temps de la vie : de là l'importance d'une étude qui explique aux enfants leurs devoirs, et les moyens de s'accoutumer à une bonne conduite.

Cette étude reçoit le nom de MORALE.

La MORALE a pour but de diriger la volonté, et d'instruire l'âme à la *vertu.*

La *vertu* est la force de faire toujours le bien et d'éviter le mal.

Toute personne qui a cette force est dite *vertueuse*, et les qualités qu'on remarque en elle, sont appelées des *vertus*.

Les gens vertueux se conduisent toujours bien, et leur exemple est proposé à la jeunesse.

Mais celle-ci, pour tenir une bonne conduite, pour acquérir des vertus, a besoin qu'on lui enseigne ses devoirs, et qu'on lui fasse contracter l'habitude de les remplir avec régularité. Or, qu'est-ce que le *Devoir?* C'est l'*obligation de pratiquer le bien.*

Former des enfants à la vertu, à l'accomplissement du devoir, c'est assurer leur bonheur; car le *vice*, qui est *l'habitude de mal faire,* est toujours accompagné de chagrins et de regrets, et n'entraîne après lui que des maux.

Tout homme qui s'occupe de ce soin donne donc à la jeunesse la preuve de son intérêt pour elle; il a le droit de réclamer de ceux qu'il dirige leur attention et leur amitié.

Si les enfants reçoivent ses conseils avec un bon esprit, ils mettent à profit leur disposition naturelle à prendre toutes sortes de plis; et comme, au moyen d'une discipline sagement réglée, on ne leur impose que des obligations dictées par la justice, ils se forment, sans s'en apercevoir, à la vertu.

Puisque leur raison est encore peu éclairée, rien de plus important pour eux que de renoncer en beaucoup de circonstances à agir d'après eux-mêmes, que de soumettre leurs volontés à la prudence de leurs parents et de leurs maîtres. Ils apprendront ainsi la manière de se conduire pour le temps où ils se trouveront abandonnés à leurs seules inspirations. Il sont, durant leurs premières années, comme le jeune apprenti qui aspire à devenir maître ouvrier; celui-ci travaille long-temps sous les ordres d'un guide, et c'est après une longue expérience qu'il est en état d'exercer son métier avec honneur et profit. De même aussi tout général a dû porter le harnais du soldat, soit dans les rangs de la milice, soit dans une école militaire.

Les enfants ont besoin de se persuader que, pour mener une bonne vie, l'instruction et l'habitude sont aussi essentielles l'une que l'autre. Livrer leur jeunesse à ses propres caprices, c'est l'exposer à contracter les vices de l'opiniâtreté, de la colère, du mensonge, etc. En vain, plus tard, ils sentiraient, comme Pierre-le-Grand, la honte de leurs écarts; une réforme deviendrait pour eux si difficile, qu'elle serait presque impossible. Mais après avoir, dès leur enfance, satisfait au devoir avec zèle, en veillant sur leurs moindres actions, ils persévèreront jusqu'à la fin dans la bonne voie où ils seront entrés. Ainsi l'on voit un charriot, mis d'abord en mouvement avec quelque peine, obéir aisément, malgré les embarras du chemin, aux forces qui l'entrainent.

Les premiers devoirs de l'enfant sont ceux qu'il doit remplir à l'*égard de Dieu, de ses parents, de ses proches, de tous les hommes;* viennent ensuite d'autres devoirs envers *lui-même.*

Dès que sa raison s'éveille, il reconnaît l'*existence de Dieu.* Créature de cet Être suprême et bienfaisant, il lui fait un continuel hommage de son *amour,* se sent agité de la *crainte* de lui déplaire, s'humilie devant sa toute-puissance, en *l'adorant* avec des sentiments de *religion* qui se développent de plus en plus dans son cœur.

Au sein de sa famille, avide d'émotions douces, c'est un bonheur pour lui de répandre sa tendresse sur un *père* et une *mère,* sur des *frères* et des *sœurs,* enfin sur *tous ses parents.*

Quand l'âge de l'étude sera venu, il se rangera *docile* sous la direction de bons *maîtres* dont le zèle lui expliquera les *devoirs* que la vie impose à *tous* envers *tous,* lui indiquera les obligations de *chacun* à l'égard de *soi,* les unes *morales,* qui ont pour but d'exercer l'âme et de former les mœurs ; les autres *physiques,* contribuant à la conservation du corps.

« Ainsi, lui diront ces instituteurs, Dieu veut que
» tu veilles à ton bien-être sur la terre, et qu'en même
» temps tu travailles à mériter une vie meilleure dans
» le ciel. Après avoir appris tes devoirs envers ton
» Créateur, ta famille, tes maîtres, l'humanité, songe
» à ceux qu'il te faut accomplir envers toi-même.

» Pourvois à ton *intérêt personnel,* mais avec un soin
» *bien entendu.* Comme tes seules lumières ne te don-
» nent pas les moyens d'y satisfaire, écoute avec *bonne*
» *volonté* les leçons de ceux qui t'instruisent. Elles
» t'inspireront l'*amour du travail,* dirigeront *ton acti-*
» *vité,* captiveront *ton attention,* t'apprendront à *réflé-*
» *chir,* te feront comprendre les avantages de l'*ordre.*
» Tu verras bientôt que, sans *constance,* il n'y a pas
» de succès durable ; que, sans *courage,* on tenterait
» en vain de surmonter des difficultés qui ne doivent
» être abordées qu'avec *prudence,* et dont la *patience*
» seule fait à la fin triompher.

» Veux-tu sortir honorablement de tout embarras,
» ne t'écarte jamais de cette patience qui doublera tes
» forces, entretiendra ta *bonne humeur* et l'égalité de
» ton caractère, te fera jouir des ressources de la vie
» commune, laquelle te rendra d'autant plus heureux
» que tu y apporteras plus de sentiments de bienveil-
» lance et de *sociabilité*.

» Au milieu des hommes, tes frères, enrichis-toi
» d'expérience, sache profiter de l'exemple; mais que
» dans ta conduite la *modération* te voie toujours fi-
» dèle à ses préceptes. C'est ainsi que tu prendras de
» bonnes *habitudes*, profitables à l'âme et au corps.

» Celui-ci réclame des soins particuliers. Pour qu'il
» serve dignement les volontés de ton âme, ne lui
» permet jamais d'oublier la *décence ;* pour qu'il de-
» vienne un instrument utile de ton *industrie*, ne né-
» glige rien de ce qui peut en augmenter l'*adresse ;*
» conserve sa vigueur en lui faisant observer une
» rigoureuse *sobriété*.

» Voilà comme tu parviendras à rendre ton âme
» meilleure, ton corps plus sain et plus habile. Leurs
» progrès seront rapides, si tu sais te connaître, et
» par un *examen de toi-même* assez souvent répété,
» compter les succès obtenus et les succès à recher-
» cher, lesquels te conduiront, par une voie sûre, à
» la possession de la *sagesse*. Alors tu exerceras la
» vertu autant que la faiblesse humaine le peut faire;
» et déjà, recevant ici-bas une première récompense,
» tu jouiras auprès de tes semblables de la *bonne ré-*
» *putation* acquise par ta fidélité au devoir. Cette re-
» nommée te sera un garant de la satisfaction divine
» qui, au sortir de cette vie, t'accordera le prix éter-

» nel digne, plus que tout autre, d'exciter ton zèle et
» de stimuler ton ambition. »

Questionnaire.

Que peut-on faire à tout âge? — Acquérir de l'instruction.

Quelle est la chose impossible dans un âge avancé? — C'est de réformer les vices de son humeur.

Qu'est-ce que la Morale? — Une étude qui explique les devoirs à remplir, et les moyens de s'accoutumer à une bonne conduite. Elle apprend à diriger la volonté ; elle instruit l'âme à la vertu.

Qu'est-ce que la vertu? — La force de faire toujours le bien et d'éviter le mal.

Qu'appelle-t-on des vertus? — Les qualités des personnes vertueuses.

Qu'est-ce que le devoir? — L'obligation de pratiquer le bien.

Qu'est-il nécessaire de faire dans l'intérêt de la jeunesse? — Qu'on lui enseigne ses devoirs, et qu'on lui fasse contracter l'habitude de les remplir avec régularité.

Qu'est-ce que le vice? — L'habitude de mal faire.

Quelles en sont les suites? — Le vice est toujours accompagné de chagrins et de regrets; il n'entraîne après lui que des maux.

Que doivent les enfants aux personnes qui leur donnent des instructions morales? — Leur attention et leur amitié.

Comment recevront-ils ces instructions? — Avec un bon esprit, c'est-à-dire avec confiance et avec le désir d'en profiter.

Quelle conduite leur faut-il tenir à l'égard de leurs parents et de leurs maîtres?— Soumettre leurs volontés à la prudence de ceux-ci.

Qu'apprendront-ils ainsi? — A diriger seuls leurs actions, quand ils seront un jour abandonnés à eux-mêmes.

Quelles sont les deux choses essentielles pour mener une bonne vie? — L'instruction et l'habitude.

Quels sont les devoirs des enfants?— D'abord il faut qu'ils remplissent toutes leurs obligations envers Dieu, envers leurs parents, leurs proches, leurs maîtres, les autres hommes ; ensuite il faut qu'ils s'occupent de ce que chacun se doit à soi-même.

CITATIONS.

Le cheval est né pour la course, le bœuf pour le labourage, le chien pour la chasse ; ainsi l'homme est né pour deux choses : *savoir, et agir conformément à la raison.*   CICÉRON.

L'air s'échappe d'un vase que l'on remplit : l'homme qui se remplit de vérités morales, se débarrasse de l'orgueil.   Sénèque.

Le but de toute éducation, c'est l'amélioration morale du caractère.

La connaissance seule du devoir ne produit pas, sans doute, une conduite exemplaire ; cependant, il importe que, lorsque nous le violons, nous sachions reconnaître que nous aurions dû agir autrement.
                                     Niemeyer.

La Morale sera l'art de rendre heureux les autres et soi-même ; elle sera au-dessus de tous les temps, en dehors de toutes les passions et de tous les préjugés ; reconnue ou rejetée, méprisée ou louée, elle n'en sera pas moins le guide, le flambeau du monde, et puisera son immutabilité dans l'éternité de celui qui fit la nature.

Ne regardez point comme fatigants et hors de propos les devoirs qu'elle enseigne. C'est une amie qui vient de bonne heure vous révéler votre position, vous dire ce qu'est le monde et ce qu'il attend de vous. C'est une consolation que plus d'une fois vous serez reconnaissants de rencontrer dans la vie, lorsque vous subirez les souffrances auxquelles sont condamnés les fils d'Adam.

Elle vous semble austère, croyez-la bienveillante, car elle l'est en effet. Ses paroles sont souvent inintelligibles pour vos jeunes esprits ; faites quelques efforts, appelez à votre secours la sensibilité de votre âge, et soudain ses leçons deviendront claires et précises, et alors vous sentirez que son langage est vrai, touchant, instructif : elle vous élèvera au ciel d'où

elle est descendue, et votre cœur tressaillera d'espoir
et de bonheur.

Mme Marie de l'ÉPINAY.

Il n'y a point de science qui ait tant de rapports à
nous que la Morale. C'est elle qui nous apprend tous
nos devoirs à l'égard de Dieu, de nos chefs, de nos parents,
de nos amis, et généralement de tout ce qui nous envi-
ronne. Elle nous enseigne même le chemin qu'il faut
suivre pour devenir éternellement heureux ; et tous les
hommes sont dans une obligation essentielle, ou plutôt
dans une nécessité indispensable de s'y appliquer uniquement.

La science de l'homme ou de soi-même est une
science que l'on ne peut raisonnablement mépriser ;
elle est remplie d'une infinité de choses qu'il est absolument nécessaire de connaitre pour avoir quelque
justesse et quelque pénétration d'esprit, et l'on peut
dire que, si un homme grossier et stupide est infiniment au-dessus de la matière, parce qu'il sait qu'il
est, et que la matière ne le sait pas, ceux qui connais-
sent l'homme, sont beaucoup au-dessus des personnes
grossières et stupides, parce qu'ils savent ce qu'ils
sont, et que les autres ne le savent pas.

Les hommes doivent donc s'appliquer sans cesse à
la connaissance de Dieu et d'eux-mêmes ; travailler
sérieusement à se défaire de leurs erreurs et de leurs
préjugés, de leurs passions et de leurs mauvaises
inclinations, et rechercher avec ardeur les vérités qui
leur sont les plus nécessaires. Car enfin, ceux-là sont
les plus judicieux qui recherchent avec le plus de
soin les vérités les plus solides.

MALEBRANCHE.

La Morale générale est l'art de bien vivre avec soi et avec ses semblables, et d'être bon pour être heureux. Mais l'homme qui ne se croit obligé d'être bon que pour être heureux dans ce monde, selon ses goûts et ses caprices, cnangera de moyens, s'il croit aller plus sûrement à son but par une autre route, et sera vicieux et méchant par principe, s'il croit ou le vice ou le crime plus convenable à son bonheur.

La Morale religieuse a infiniment plus d'élévation, d'étendue, de consistance. On la définit *la science de bien vivre pour l'éternité ;* or, vivre pour l'éternité, c'est bien aussi vivre pour soi ; c'est bien, par excellence, l'art d'être bon pour être heureux. Mais, ce n'est là ni une bonté de convenance, ni un bonheur de fantaisie. La volonté divine devient la règle unique des volontés humaines ; et les petits intérêts du présent disparaissent devant l'invariable intérêt du grand avenir.

Ainsi, dans la Morale religieuse, le principe, la fin, le moyen, tout est fini, tout est constant ; le but en est marqué, la route en est tracée : il ne s'agit, pour l'homme, que de bien savoir à quelles conditions le bonheur lui est promis, et quelle est la bonté dont ce bonheur sera la récompense.

MARMONTEL.

Qui remplit ses devoirs augmente ses plaisirs.

L'enfant le plus à plaindre est un enfant gâté
Qu'on n'ose corriger ni punir dans l'enfance.

De votre père, enfants, suivez les bons avis ;
Votre bonheur futur en doit être le prix.

L'enfant sage est la joie et l'amour de son père,
Et l'enfant sans raison, la douleur de sa mère.

MOREL-VINDÉ.

LA MAIN DROITE ET LA MAIN GAUCHE.

Tandis que sa main droite achevait un tableau,
 Certain professeur en peinture
Gourmandait sa main gauche, et disait : « La nature
» T'a fait là, pauvre peintre ! un assez sot cadeau ;
 » Jamais une esquisse, une ébauche,
» Un simple trait peut-il partir de ma main gauche?
 » Sait-elle tenir un pinceau ?
» Non, pas même un crayon ! Cependant, maladroite,
 » N'as-tu pas cinq doigts bien comptés ?
 » Pour faire en tout mes volontés,
 » Qu'as-tu de moins que ma main droite ? »
— « Beaucoup, monsieur, » répond pour le membre accusé
L'un des cinq doigts, le petit doigt, sans doute,
 Doigt très-instruit, doigt très-rusé,
Doigt qui sait ce qu'il dit comme tel qui l'écoute :
« La main gauche à la droite est semblable en tous points,
» Dans l'état de nature ou l'état d'ignorance,
» Car c'est tout un ; mais quelle différence
» Entre ces sœurs bientôt s'établit par vos soins
» Vers la droite en tout temps portés de préférence !
» La main droite est toujours en opération,
» La main gauche en repos : voilà toute l'affaire ;
» On ne peut devenir habile à ne rien faire.
 » Au seul défaut d'instruction
» Attribuez, monsieur, l'impuissance où nous sommes,
 » Croyez-vous l'éducation
» Moins nécessaire aux mains qu'aux hommes ? »

ARNAULT.

Non, ce Dieu qui m'a fait ne m'a point fait en vain :

Sur le front des mortels il mit son sceau divin.

Je ne puis ignorer ce qu'ordonna mon maître ;

Il m'a donné la loi, puisqu'il m'a donné l'être.

La *morale*, uniforme en tout temps, en tout lieu,

A des siècles sans fin parle au nom de ce Dieu.

VOLTAIRE.

Sujet à développer. — Devoir.

Le professeur pourra, selon qu'il le jugera convenable, ne donner que ce seul mot aux élèves. ou bien **pré**ciser la question, en leur demandant : *Quelle est l'importance du devoir? Quels sont les devoirs généraux et particuliers, etc.?* Il en sera de même pour les autres sujets indiqués comme devant fournir matière à des exercices de style ou d'élocution.

LEÇON II

—

DEVOIRS ENVERS DIEU

—

EXISTENCE DE DIEU.

RÉPONSE DE CHATEAUNEUF.

Le jeune Châteauneuf, que distinguaient de bonne heure d'heureuses dispositions et la vivacité de son esprit, fut rencontré dans une société par un évêque, auquel on avait fait son éloge. Le prélat voulut, au moyen d'une seule question, éprouver la sagacité du

petit garçon, et lui dit : « Mon ami, dites-moi où est
Dieu. » — « Monseigneur, répondit l'enfant sans s'é-
tonner, dites-moi où il n'est pas. »

Questionnaire.

Quelle réflexion peut-on faire au sujet de cette anecdote ? —
C'est que l'homme, dès ses plus jeunes années, est en état de
comprendre que Dieu existe, et qu'il n'y a dans le monde aucun
endroit où l'on puisse échapper à la surveillance du Créateur.

Racontez l'anecdote. — Dites ce que vous en pensez.

INSTRUCTION.

L'univers existe ; il n'a pu se constituer lui-même
tel qu'il est ; il a donc été créé : le créateur, c'est
Dieu.

L'ordre établi dans le monde ne saurait être l'effet
du hasard ; il faut qu'une intelligence suprême y ait
présidé : cette intelligence est Dieu.

L'homme est un être composé d'un corps et d'une
âme, intimement unis ; mais il ne comprend pas comment cette union s'est opérée. Voyant cependant que
ce n'est point l'âme qui en est l'auteur, et qu'un tel
prodige ne saurait non plus être attribué au corps, il
conclut que c'est l'œuvre d'une puissance supérieure,
celle de Dieu.

Les habitants de tous les pays ont dans tous les
temps reconnu une différence entre le bien et le mal ;
avant **qu'aucune instruction** soit **venue** les éclairer, ils
ressentent en eux quelque chose qui les avertit de
vivre dans l'innocence. D'où leur vient ce sentiment
intime? Il ne saurait venir d'eux-mêmes ; il est donc

le résultat d'une inspiration supérieure, celle de
DIEU.

Enfin chez tous les peuples se retrouve la croyance
à l'existence d'un DIEU. Il est vrai qu'on n'accorde pas
en tout pays à ce Dieu le même nom, ni les mêmes
hommages ; mais cette croyance générale et commune
à un Être suprême, prouve que celui-ci existe ; car
le genre humain entier ne pourrait se tromper en
même temps sur un fait aussi important.

Il est donc certain que DIEU EXISTE.

Voyons maintenant les attributs que nous pouvons
lui reconnaître.

Il est tout-puissant ; par la création, il a montré que
rien n'est impossible à sa volonté, qu'il est souverain,
et ne dépend d'aucune autorité.

Il est conservateur ; après avoir formé le monde, il
en entretient toutes les parties dans une harmonie
toujours admirable ; partout il est présent pour sur-
veiller les opérations de la nature et les actions des
hommes.

Il est bienfaisant ; c'est lui qui a ordonné avec une
sagesse suprême et une ineffable bonté toutes les merveilles dont nous sommes journellement témoins. Les
hommes, en particulier, lui doivent les facultés de
l'esprit et du corps, les agréments de leur séjour sur
la terre, l'ordre des saisons, l'alternative des phéno-
mènes atmosphériques, la succession des produits du
sol. Tous les biens dont nous jouissons, c'est lui qui
nous les envoie ; les maux passagers qu'il nous faut
souffrir sont des châtiments ou des épreuves. Comme
ce mélange de biens et de maux ne nous permet de
goûter ici-bas aucun bonheur parfait, il a mis dans

nos cœurs l'espérance et la certitude d'une autre vie, où rien ne viendra troubler notre félicité, si par notre conduite nous sommes dignes de récompense.

Ajoutons encore que notre Créateur, par cela même qu'il est Dieu, ne peut être qu'un *pur esprit*, sans corps ni figure ; *éternel,* n'ayant point eu de commencement, et ne devant point avoir de fin ; *immuable,* parce qu'il n'est sujet à aucun changement ; *infini* dans son être et ses perfections qui ne sauraient avoir de bornes ; enfin *unique,* car l'essence infinie et divine ne peut être partagée.

En considérant une nature si auguste, un pouvoir si grand alliés à tant de bonté envers les hommes, nous devons nous sentir pénétrés pour la divinité d'un sentiment profond de vénération et de reconnaissance. auquel se joindront un amour tout filial, une crainte respectueuse de lui déplaire, un vif désir de l'honorer et de lui consacrer notre existence tout entière.

Questionnaire.

Quelles sont les preuves de l'existence de Dieu ? — L'existence et l'ordre de l'univers, l'union du corps et de l'âme dans l'homme, les avertissements de la conscience humaine, le consentement unanime des peuples.

Pourquoi l'existence et l'ordre de l'univers indiquent-ils un Dieu? — Parce que l'univers étant matériel n'a pu se constituer lui-même, et que l'ordre que nous y remarquons ne peut être l'effet du hasard.

Pourquoi l'union du corps et de l'âme, ainsi que les avertissements de la conscience humaine ? — Parce qu'on ne peut attribuer ces admirables choses qu'à une intelligence suprême, celle de Dieu.

Pourquoi le consentement universel des peuples ? — Parce que tous les hommes ne sauraient se tromper sur un fait aussi important.

Quels sont les attributs de Dieu ? — Dieu est créateur, tout-puissant, conservateur, bienfaisant ; c'est un pur esprit, éternel, immuable, infini, unique.

Pourquoi lui reconnaissons-nous ces attributs ?— Il est créateur, puisque le monde lui doit l'existence ; tout-puissant, puisque rien ne lui est impossible et qu'il est indépendant de toute autorité ; conservateur, puisqu'il conserve son ouvrage ; bienfaisant, car il comble de bontés l'homme en particulier ; éternel, n'ayant point eu de commencement et ne devant pas avoir de fin ; immuable, n'étant sujet à aucun changement ; infini, ne pouvant être borné ni dans sa nature ni dans ses perfections ; unique, parce qu'il cesserait d'être tout-puissant et infini s'il partageait avec d'autres êtres son essence.

Quels sentiments devons-nous éprouver pour Dieu ? — Une profonde vénération, une vive reconnaissance, un amour filial, une crainte respectueuse, un désir de nous consacrer à lui.

CITATIONS.

L'impossibilité où je suis de prouver que Dieu n'est pas, me révèle son existence.   LABRUYÈRE.

Les Égyptiens représentaient l'athée sous l'emblème d'un homme qui a les yeux aux pieds.

—

La première chose qu'il faut apprendre, c'est qu'il y a un Dieu, et qu'il gouverne tout par sa providence ; ensuite il faut examiner quelle est sa nature. Sa nature étant bien connue, il faut nécessairement que ceux qui veulent lui plaire et lui obéir, fassent tous leurs efforts pour lui ressembler ; qu'ils soient libres, fidèles, bienfaisants, miséricordieux, magnanimes.

ÉPICTÈTE.

Dieu, par sa sagesse, a formé tous ses ouvrages : il a distingué les parties du monde aussitôt après les avoir créées ; il les a ordonnées et leur a imprimé un mouvement qui a toujours continué sans interruption. Après cela, Dieu a regardé la terre, et l'a remplie de biens ; il l'a couverte d'animaux qui retournent dans la terre, d'où ils ont été tirés. Il a créé l'homme de terre, il l'a fait à son image. Il a formé de sa substance une aide semblable à lui. Il leur a donné la raison ; il les a remplis de la lumière de l'intelligence, et leur a fait voir les biens et les maux. Il leur a prescrit l'ordre de leur conduite.   BIBLE.

C'est Dieu qui fit le monde, et la terre et les cieux ;
C'est lui qui nous a faits, nous sommes sous ses yeux ;
C'est lui qui chaque jour soutient notre existence.
Comment payer ses dons ? Par la reconnaissance.

MOREL-VINDÉ.

Tout annonce d'un Dieu l'éternelle existence :
On ne peut le comprendre, on ne peut l'ignorer,
La voix de l'univers annonce sa puissance,
Et la voix de nos cœurs dit qu'il faut l'adorer.

VOLTAIRE.

Il est ; tout est par lui : seul être illimité,
En lui tout est vertu, puissance, éternité.

LEBRUN.

Il est un Dieu, dans lui tout aime et tout espère.
L'enfant qui n'a point vu les aïeux de son père,
        Sait que son père eut des aïeux.
Le monde n'a point vu celui qui l'a fait naître ;
Mais peut-il en douter ? doit-il le méconnaître ?
Son grand aïeul, c'est Dieu, dont le trône est aux cieux.
C'est l'aîné des aïeux ; nous sommes sa famille.
Oui, la création, c'est son œuvre, sa fille ;
Et cette œuvre est marquée au nom du Créateur.

Voyez ce temple antique, et sa voûte arrondie ;

Qui donc en a jeté la coupole hardie ?
Un architecte en fut l'intelligent auteur.
Que ce dôme est petit auprès du dôme immense
    Que Dieu déroula sous ses mains !
    Que sont les œuvres des humains
Près des œuvres de Dieu, garants de sa puissance ?
Que sont ces monuments élevés à grands frais,
Nos colonnes de marbre et nos riches portiques,
Près des arbres géants, ces colonnes antiques,
    Ces vastes dômes des forêts ?

Que sont ces monuments faits de boue et de pierres,
Et destinés demain à la destruction,
    Près des Alpes, des Cordillères,
Palais contemporains de la création ?
Près des œuvres de Dieu, seule cause vivante,
Que sont-ils ces travaux, nés d'une main savante,
    Prestiges de la vanité ?

Que sont-ils ces chefs-d'œuvre, enfants d'un art superbe,
Hier éclos, demain rouillés de vétusté ?
Habile à reproduire un objet imité,
L'homme animerait-il un atome, un brin d'herbe ?
Dieu seul donne la vie et la fécondité.
Oui, Dieu seul peut créer ! oui, la nature entière
Est par lui, vit dans lui... Qui peut le concevoir ?
L'aveugle-né peut-il comprendre la lumière
Qui frappe sans reflet son obscure paupière ?
Non, mais il la respire, il en sent le pouvoir.

—

Ni l'aveugle hasard, ni l'aveugle matière,
N'ont pu créer mon âme, essence de lumière.
Je pense : ma pensée atteste plus un Dieu
Que tout le firmament et ses globes de feu.

PIERRE LEBRUN.

Oui, c'est un Dieu caché que le Dieu qu'il faut croire.
Mais tout caché qu'il est, pour révéler sa gloire,
Quels témoins éclatants devant moi rassemblés !
Répondez, Cieux et Mers ; et vous, Terre, parlez !
Quel bras peut vous suspendre, innombrables étoiles.
Nuit brillante, dis-nous qui t'a donné tes voiles.
O Cieux, que de grandeur, et quelle majesté !
J'y reconnais un maître à qui rien n'a coûté,
Et qui dans vos déserts a semé la lumière,
Ainsi que dans nos champs il sème la poussière.

Toi qu'annonce l'aurore, admirable flambeau,
Astre toujours le même, astre toujours nouveau,
Par quel ordre, ô Soleil, viens-tu du sein de l'onde
Nous rendre les rayons de ta clarté féconde ?
Tous les jours je t'attends, tu reviens tous les jours ;
Est-ce moi qui t'appelle et qui règle ton cours ?

Et toi, dont le courroux veut engloutir la terre,
Mer terrible, en ton lit quelle main te resserre ?
Pour forcer ta prison tu fais de vains efforts :
La rage de tes flots expire sur tes bords.
Fais sentir ta vengeance à ceux dont l'avarice
Sur ton perfide sein va chercher son supplice.
Hélas ! près de périr, t'adressent-ils leurs vœux ?
Ils regardent le ciel, secours des malheureux.
La nature, qui parle en ce péril extrême,
Leur fait lever les mains vers l'asile suprême ;
Hommage que toujours rend un cœur effrayé
Au Dieu que jusqu'alors il avait oublié.

La voix de l'univers à ce Dieu me rappelle.
La Terre le publie. Est-ce moi, me dit-elle,
Est-ce moi qui produis mes riches ornements ?

C'est celui dont la main posa mes fondements.

Si je sers tes besoins, c'est lui qui me l'ordonne;

Les présents qu'il me fait, c'est à toi qu'il les donne.

Je me pare des fleurs qui tombent de sa main ;

Il ne fait que l'ouvrir, et m'en remplit le sein.

Pour consoler l'espoir du laboureur avide,

C'est lui qui, dans l'Égypte où je suis trop aride,

Veut qu'au moment prescrit le Nil, loin de ses bords,

Répandu sur ma plaine, y porte mes trésors.

A de moindres objets tu peux le reconnaître ;

Contemple seulement l'arbre que je fais croître ;

Mon suc dans la racine à peine répandu,

Du tronc qui le reçoit à la branche est rendu :

La feuille le demande, et la branche fidèle,

Prodigue de son bien, le partage avec elle.

De l'éclat de ses fruits justement enchanté,

Ne méprise jamais ces plantes sans beauté,

Troupe obscure et timide, humble et faible vulgaire ;

Si tu sais découvrir leur vertu salutaire,

Elles pourront servir à prolonger tes jours ;

Et ne t'afflige pas si les leurs sont si courts ;

Toute plante en naissant déjà renferme en elle

D'enfants qui la suivront une race immortelle ;

Chacun de ces enfants, dans ma fécondité,

Trouve un gage nouveau de sa postérité.

RACINE le fils.

Sujets à développer : Monothéisme, Polythéisme, Pan-
théisme, Athéisme.

—

DEVOIRS ENVERS DIEU

—

AMOUR DE DIEU.

Léonie et Théophile, son frère, se montraient l'exemple de tous les enfants d'un village. Aussitôt qu'ils étaient levés le matin, la première chose qu'ils faisaient était de réciter avec recueillement leur prière.

Jamais, en la terminant, ils n'oubliaient d'appeler la grâce de Dieu sur leur père et leur mère. Ils le suppliaient de ne pas rejeter les vœux de faibles enfants qui ne songeaient qu'à lui plaire ; de les assister, pour que, par leur sagesse et par leur amour du travail, ils pussent dédommager un jour leurs parents de leurs sacrifices, et leur rendre les soins prodigués par eux à leur famille.

Tous les soirs, avant de se coucher, ils invoquaient encore Dieu avec la même ferveur. Faisaient-ils d'autres prières à l'école, ou bien avant et après les repas, c'était toujours du fond du cœur.

Quand ces deux enfants assistaient aux instructions religieuses ou aux cérémonies du culte, ils ne manquaient jamais de témoigner par leur air et par leur tenue le plus grand respect pour le service divin. Jamais ils ne se seraient alors permis de rire ou de causer. Aussi étaient-ils les enfants de prédilection de leur bon pasteur, les enfants bien-aimés de leurs parents, les enfants chéris de tous les habitants de la commune.

Questionnaire.

Que faisaient dès le matin Léonie et Théophile ? — Leur prière avec recueillement.

Que demandaient-ils à Dieu ? — Ses bénédictions pour leurs parents, son assistance, afin qu'ils pussent un jour témoigner leur reconnaissance par une conduite docile et dévouée.

Comment faisaient-ils leurs autres prières ? — Du fond du cœur.

Comment assistaient-ils au service divin ? — Avec une tenue respectueuse.

Quelle était la récompense de leur piété ? — L'amour de leurs parents, l'affection de tous ceux qui les connaissaient.

Racontez l'anecdote. — Dites ce que vous en pensez.

INSTRUCTION.

Les premiers êtres auxquels l'enfant consacre sa faculté d'aimer, ce sont ses parents ; et le cœur pénétré de reconnaissance pour leurs soins, il tâche par sa tendresse, de témoigner ce qu'il éprouve.

Lorsque plus tard il comprend que Dieu a fait en sa faveur, plus que ne le pourraient un père et une mère, ce divin Créateur devient à son tour l'objet de ses plus tendres affections.

Comment, en effet, n'aimerait-il pas avec ardeur celui qui répand sur les hommes tant de bienfaits, gages de sa bonté ?

L'amour de Dieu pour les hommes ne saurait être payé que par leur amour.

Dieu manifeste l'intérêt paternel, avec lequel il soigne ses créatures, en les couvrant de sa protection, en les gratifiant de ses dons, en mêlant aux douleurs nécessaires de cette vie des jouissances inexprimables Et les hommes qui n'ont pas le pouvoir d'adresser à leur auteur autre chose que les présents de sa munificence, le supplient d'agréer l'offrande de toutes les choses qu'il daigne mettre à leur usage. Puis, en pensant que Dieu leur permettra de jouir de sa présence, si leur vie a été vertueuse, ils soupirent après cette faveur comme des enfants avides des embrassements d'un père.

Or, tant de félicité doit être achetée par de bonnes actions; et quiconque aime Dieu véritablement, ne songe qu'à faire le bien, parce que le bien seul peut le mettre en possession du séjour céleste où tous ses vœux seront comblés.

C'est alors qu'il travaille à purifier son cœur, à améliorer sa conduite, à se dépouiller de ses vices, à s'enrichir de vertus. Ainsi voit-on un fils tendre et respectueux persuader à de bons parents sa vive tendresse, par les efforts qu'il renouvelle sans cesse pour leur plaire.

Questionnaire.

Quels sont les premiers objets de la tendresse d'un enfant? — Son père et sa mère.

Que fait-il, quand son intelligence s'est un peu développée? — Il comprend qu'il doit chérir Dieu encore davantage.

Qu'est-ce qui impose aux hommes la douce obligation d'aimer Dieu? — C'est l'amour que Dieu ne cesse de leur témoigner.

Quelles sont les preuves de la tendresse de Dieu que l'esprit le plus simple peut reconnaître? — Les soins donnés par lui à ses créatures pour les conserver, la protection qu'il leur accorde, les dons qu'il leur fait, les joies inexprimables qu'il mêle aux douleurs nécessaires de la vie.

Les hommes peuvent-ils donner quelque chose à Dieu? — Non; ils ne peuvent que lui offrir l'hommage des objets dont il leur permet de se servir.

Qu'est-ce qui prouve en eux qu'ils aiment leur Créateur? — Le désir de jouir de sa présence.

Que faut-il faire quand on a ce désir, pour obtenir les récompenses célestes? — Purifier son âme, améliorer sa conduite, se dépouiller de ses vices, s'enrichir de vertus.

Quel est l'exemple qu'on doit alors se proposer? — Celui d'un fils tendre et respectueux qui cherche à plaire à ses parents par sa bonne conduite, heureux de leur prouver ainsi combien il les aime.

CITATIONS.

On doit diriger l'attention des enfants sur l'affection active et tendre de leurs parents à leur égard, afin de les amener ainsi à comprendre l'amour de Dieu, en leur expliquant que cet amour est infiniment plus grand et qu'il est immuable. On doit leur enseigner que, puisque Dieu entend les cris des oiseaux et satisfait aux besoins de toute créature vivante, il a encore bien plus d'égard au moindre désir, au plus faible soupir de ses enfants, que la seule prière du cœur peut lui être agréable, quoique le secours des mots nous soit nécessaire pour élever *nos sentiments et finir* nos pensées.

Aimez Dieu, et vos âmes seront éclairées et remplies de consolation.   BIBLE

> Notre Père des cieux, Père de tout le monde,
> De vos petits enfants, c'est vous qui prenez soin ;
> Mais à tant de bonté vous voulez qu'on réponde,
> Et qu'on demande aussi, dans une foi profonde,
>   Les choses dont on a besoin.
>
> Vous m'avez tout donné, la vie et la lumière,
> Le blé qui fait le pain, les fleurs qu'on aime à voir,
> Et mon père et ma mère et ma famille entière ;
> Moi, je n'ai rien pour vous, mon Dieu, que la prière
>   Que je vous dis matin et soir.
>
> Notre Père des cieux, bénissez ma jeunesse,

Pour mes parents, pour moi, je vous prie à genoux,
Afin qu'ils soient heureux, donnez-moi la sagesse,
Et puissent leurs enfants les contenter sans cesse,
　　Pour être aimés d'eux et de vous.

Madame Tastu.

Rendez à Dieu l'amour que son amour réclame.
Devant lui, les parfums, les pompes du saint lieu,
Enfants ! ne valent pas l'hommage de votre âme ;
Empreinte encor du ciel, elle plaît mieux à Dieu.

Enfants ! votre jeune âme est la source féconde,
D'où, comme une vapeur, la tendre piété
Monte vers Dieu, s'accroît des dons de sa bonté,
Et redescend du ciel en bienfaits sur le monde.

Tout vient d'en-haut, la vie et la fécondité.
Enfants ! amis de Dieu, fleurs de la vie humaine,
Qu'il abrite avec soin contre les passions,
Vers lui seul dirigez toutes vos actions,
Élancez les désirs de votre âme sereine,
Et Dieu vous donnera la beauté comme aux fleurs.
　　Vous posséderez, sans envie,
Les trésors, les talents, ces brillantes couleurs,
Et les douces vertus, ces parfums de la vie,
　　Et ce baume pour les douleurs.

Rendez à Dieu l'amour que son amour réclame.
Devant lui, les parfums, les pompes du saint lieu,
Enfants ! ne valent pas l'hommage de votre âme ;
Empreinte encor du ciel, elle plaît mieux à Dieu.

—

Le matin au soleil a rendu son empire,
Tout s'éveille et tout rit à sa fraîche clarté :

3

Quand, avec sa lumière, il répand la beauté,
        C'est Dieu que je crois voir sourire
Dans sa grâce et dans sa bonté.

Midi le fait monter sur son trône de flamme,
L'œil n'en peut plus alors soutenir la splendeur,
Et je dis, accablé de sa puissante ardeur,
        C'est Dieu qui pénètre mon âme
        Du sentiment de sa grandeur:

Le soir, vers l'horizon, sa course descendue,
De ces sommets lointains semble chercher l'appui,
Son front découronné d'un feu plus doux a lui.
        C'est Dieu qui permet que ma vue
        Ose s'élever jusqu'à lui.

La nuit d'un crêpe noir enveloppe la terre,
Son souffle éteint du jour le radieux flambeau;
Quand le monde muet semble un vaste tombeau,
        C'est Dieu qui parle en ce mystère,
        Et me promet un jour plus beau.

Madame TASTU.

C'est peu de croire en toi, Bonté, Beauté suprême!
Je te cherche partout, j'aspire à toi, je t'aime!
Mon âme est un rayon de lumière et d'amour,
Qui du foyer divin détaché pour un jour,
De désirs dévorants loin de toi consumée,
Brûle de remonter à sa source enflammée!
Je respire, je sens, je pense, j'aime en toi!
Ce monde qui te cache est transparent pour moi;
C'est toi que je découvre au fond de la nature,
C'est toi que je bénis dans toute créature.

LAMARTINE.

Sujet à développer. — Oubli de Dieu.

—

DEVOIRS ENVERS DIEU

—

CRAINTE DE DIEU

SI LES HOMMES NE TE VOIENT PAS, DIEU TE VOIT.

M. de la Ferrière se promenait un jour dans les champs avec Fabien, son plus jeune fils. C'était un beau jour d'automne, et il faisait encore grand chaud.

« Mon papa, » lui dit Fabien, en tournant la tête du côté d'un jardin, le long duquel ils marchaient alors, « j'ai bien soif. »

« Et moi aussi, mon fils, lui répondit M. de la Fer-
» rière. Mais il faut prendre patience jusqu'à ce que
» nous arrivions à la maison. »

FABIEN. — « Voilà un poirier chargé de bien belles
» poires. Voyez, c'est du doyenné. Ah ! que j'en man-
» gerais avec un grand plaisir ! »

M. DE LA FERRIÈRE. — « Je le crois sans peine.
» Mais cet arbre est dans un jardin fermé de toutes
» parts. »

FABIEN. — « La haie n'est pas trop fourrée, et voici
» un trou par où je pourrais bien passer. »

M. DE LA FERRIÈRE. — « Et que dirait le maître du
» jardin, s'il était là ? »

FABIEN. — « Oh! il n'y est pas sûrement, et il n'y a
» personne qui puisse nous voir. »

M. DE LA FERRIÈRE.— « Tu te trompes, mon enfant.
» Il y a quelqu'un qui nous voit et qui nous punirait
» avec justice, parce qu'il y aurait du mal à faire ce
» que tu me proposes. »

FABIEN. — « Et qui serait-ce donc, mon papa ? »

M. DE LA FERRIÈRE. — « Celui qui est présent par-
» tout, qui ne nous perd jamais un instant de vue,
» et qui voit jusque dans le fond de nos pensées :
» Dieu. »

FABIEN. — « Oh! vous avez raison; je n'y pensais
» plus. »

Au même instant, il se leva derrière la haie un
homme qu'ils n'avaient pu voir, parce qu'il était
étendu sur un banc de gazon. C'était un vieillard à
qui appartenait le jardin, et qui parla de cette manière à Fabien :

« Remercie Dieu, mon enfant, de ce que ton père t'a
» empêché de te glisser dans mon jardin et d'y venir
» prendre une chose qui ne t'appartenait pas. Ap-
» prends qu'au pied de ces arbres on a tendu des pié-
» ges pour surprendre les voleurs ; tu t'y serais cassé
» les jambes, et tu serais resté boiteux pour toujours.
» Mais puisqu'au premier mot de la sage leçon que
» t'a faite ton père, tu as témoigné de la *crainte de*
» *Dieu*, et que tu n'as pas insisté plus longtemps sur
» le vol que tu méditais, je vais te donner, avec plai-
» sir, des fruits que tu désires. »

A ces mots, il alla vers le plus beau poirier, secoua
l'arbre, et porta à Fabien son chapeau rempli de poires.

M. de la Ferrière voulut tirer de l'argent de sa

bourse, pour récompenser cet honnête vieillard, mais il ne put jamais l'engager à céder à ses instances.

« J'ai eu du plaisir, monsieur, à obliger votre enfant, » et je n'en aurais plus si je m'en laissais payer. Il n'y » a que Dieu qui paye ces choses-là. »

M. de la Ferrière lui tendit la main par-dessus la haie. Fabien le remercia aussi dans un assez joli compliment ; mais il lui témoignait sa reconnaissance d'une manière encore bien plus vive, par l'air d'appétit dont il mordait dans les poires, dont l'eau ruisselait de tous côtés.

« Voici un bien brave homme ! » dit Fabien à son papa, lorsqu'il eut fini la dernière, et qu'ils se furent éloignés du vieillard.

M. de la Ferrière. — « Oui, mon ami ; il l'est de-» venu, sans doute, pour avoir pénétré son cœur de » cette grande vérité, que *Dieu ne laisse jamais le bien* » *sans récompense, et le mal sans châtiment.* »

Fabien. — « Dieu m'aurait donc puni, si j'avais pris » les poires ? »

M. de la Ferrière. — « Le bon vieillard t'a dit ce » qui te serait arrivé. »

Fabien.— « Mes pauvres jambes l'ont échappé belle. » Mais, ce n'est pas Dieu qui a tendu lui-même ces pié-» ges ? »

M. de la Ferrière. — « Non, sans doute, ce n'est » pas lui-même. Mais les piéges n'ont pas été tendus » à son insu et sans sa permission. Dieu, mon cher » enfant, règle tout ce qui se passe sur la terre, et » il dirige toujours les événements de manière à ré-» compenser les gens de bien de leurs bonnes ac-» tions, et à châtier les méchants de leurs crimes,

» car il voit et punit tout le mal que les hommes ne
» me voient pas. »

FABIEN.— « Voilà une aventure qui me rendra sage.
» Je veux éviter le mal et pratiquer le bien, quand mê-
» me je ne verrais personne auprès de moi. »

Et, en disant ces mots, ils arrivèrent à la porte de
leur maison.   BERQUIN.

Questionnaire.

Est-il permis d'entrer dans un lieu fermé ? — Si la clôture était
en mauvais état, aurait-on le droit de la franchir ? — Si enfin une
propriété n'était pas fermée, pourrait-on y pénétrer ? — Qu'arriverait-il si l'on profitait de l'absence de tout témoin, pour s'introduire furtivement dans un enclos ? — Que font plusieurs proprié-
taires pour se garantir des voleurs ? — Quel motif doit arrêter
quiconque médite de faire en secret quelque tort à autrui ? — Quelle
est souvent la récompense de celui qui a renoncé à un mauvais
dessein de lui-même, ou d'après de bons conseils ? — Tout homme
qui rend un service, doit-il en exiger un salaire ? — Quelle est la
récompense que peut accepter un honnête homme qui ne veut pas
être payé ? — Quelles sont les grandes vérités dont on doit être
pénétré, pour devenir et rester honnête ? — Quelle résolution cette
anecdote doit-elle inspirer ? (1)

Racontez l'anecdote.— Dites ce que vous en pensez.

INSTRUCTION.

Nous prouvons aux autres hommes notre attachement par les services que nous leur rendons. Mais à
l'égard de Dieu, nous ne pouvons rien de semblable
quand nous voulons lui exprimer notre amour. La

(1) Les réponses aux questions, mises dans les leçons précédentes,
indiqueront aux élèves comment ils devront rédiger celles qu'on les
chargera de faire. Désormais les maîtres pourront prescrire l'étude
des réponses, comme un devoir écrit, ou comme un exercice oral
devant avoir lieu dans le temps réservé à l'enseignement de la
Morale.

seule chose que notre nature nous permette de faire,
c'est de nous rendre agréables à ses yeux par la pratique du bien et la fuite du mal.

Un cœur qui aime bien craint de déplaire à l'objet de
son affection, et ne néglige rien dans l'intention d'éviter les occasions d'offense. Mais cette conduite doit
avoir pour base la droiture la plus entière. Car si nous
ne devons jamais donner une tournure douteuse à nos
pensées, à nos actions, c'est particulièrement quand il
s'agit de les faire approuver de celui auquel rien n'é-
chappe.

Malgré l'attention qu'on porte sur soi-même, il arrive que l'on commet plus souvent qu'on ne le voudrait des fautes déplorables. La crainte de s'attirer
la sévérité de Dieu doit inspirer le besoin d'offrir
une réparation ; celle-ci consistera dans les actes religieux nécessaires pour effacer les suites et le souvenir
du mal commis, tels que des supplications, où l'on
exprimera son chagrin, en prenant la résolution de
mieux faire et de veiller sur soi-même avec le plus
grand soin.

Questionnaire.

Comment pouvons-nous prouver aux autres hommes notre attachement? — Que pouvons-nous faire dans ce but à l'égard de
Dieu ? — Pourquoi? — Qu'arriverait-il si nous avions recours à la
dissimulation ? — Dans quelle disposition d'esprit devons-nous
être après une faute? — Comment accomplir une réparation ?

CITATIONS.

Celui qui craint le Seigneur, se trouvera heureux à
la fin de sa vie, et il sera béni au jour de sa mort.

La crainte du Seigneur est le commencement de la sagesse, et elle se fait remarquer dans les âmes justes et fidèles.

La crainte du Seigneur chasse le péché.

Ne soyez point rebelle aux impressions de la crainte du Seigneur, et ne vous approchez de lui qu'avec un cœur sincère.   BIBLE.

Il n'y a de véritable liberté, ni de paix solide, que dans la crainte de Dieu, accompagnée d'une bonne conscience.

—

Dieu voit tout, est partout. On a beau se cacher,
A son œil pénétrant on ne peut se soustraire.
Quand on pèche en secret, ce n'est pas moins pécher ;
A l'éternel témoin gardons-nous de déplaire.

Dieu toujours juste et bon punit et récompense ;
En nous conduisant bien, fuyons le châtiment.

MOREL-VINDÉ.

O que tes œuvres sont belles,
Grand Dieu ! quels sont tes bienfaits !
Que ceux qui te sont fidèles
Sous ton joug trouvent d'attraits !
Ta crainte inspire la joie ;
Elle assure notre voie,
Elle nous rend triomphants,
Elle éclaire la jeunesse,
Et fait briller la sagesse
Dans les plus faibles enfants.

J.-B. ROUSSEAU.

Sujets à développer. — Impiété. — Sacrilége.

—

DEVOIRS ENVERS DIEU

—

ADORATION DE DIEU

CONSEILS DE CAMBYSE, ROI DE PERSE, A SON FILS CYRUS.

« O mon fils ! souvenez-vous bien de ne jamais rien
» entreprendre avant d'avoir adoré l'Être suprême.
» Que de ferventes prières précèdent toutes vos ac-
» tions, soit publiques, soit particulières, et attachez-
» vous en toutes choses à faire la volonté de Dieu.
» Notre esprit est environné de ténèbres épaisses, l'er-
» reur s'insinue dans notre âme plus aisément que la
» vérité. La lumière de Dieu est sans nuage; le passé
» et l'avenir lui sont connus comme le présent; et,
» quand on l'invoque, son éternelle sagesse dirige les
» desseins des hommes : il en récompense l'humble
» piété, en leur inspirant dans l'occasion ce qu'ils doi-
» vent faire et ce qu'ils doivent éviter. »

Questionnaire.

Que recommandait Cambyse à Cyrus? — Pour quelles raisons ?
— Comment Dieu répond-il aux adorations des hommes ?

Racontez l'anecdote. — Dites ce que vous en pensez.

INSTRUCTION.

Plein d'admiration pour la grandeur du Dieu qui l'a

créé, de reconnaissance et d'amour pour sa bonté, préoccupé de la crainte de lui déplaire et du désir de réparer ses fautes envers lui, humilié par le sentiment de sa propre faiblesse qui lui fait rechercher un secours supérieur, l'homme sent le besoin d'élever souvent son cœur au ciel et d'adorer le souverain du monde.

Il rend hommage à sa majesté, se prosterne devant sa juste autorité, implore sa protection, son aide et sa miséricorde.

Par son adoration, il reconnaît les droits du Créateur sur sa créature.

Cette adoration s'accomplit par la pensée ou par des actes extérieurs, ce qui constitue le *culte.*

Le culte par la pensée se nomme *intérieur;* le culte par la pensée et l'action se nomme *extérieur.*

Le corps est étranger au culte intérieur; quelle que soit la disposition de ce corps, l'âme peut se livrer à ce mode d'adoration, qui consiste en des élans du cœur vers Dieu, en des méditations pieuses, en des prières faites mentalement.

Dans le culte extérieur, le corps s'unit à l'âme : c'est alors l'homme tout entier qui consacre ses facultés à son divin maître. A ce genre de culte appartiennent les prières faites à haute voix, les chants, les invocations adressées dans des postures déterminées, les cérémonies, les démonstrations nécessaires pour exprimer extérieurement le respect et l'amour des hommes envers la Divinité. Afin de pratiquer le culte extérieur, nous nous réunissons en des temples où chacun tour à tour reçoit et donne l'exemple de la ferveur.

De même qu'il n'y a qu'un seul Dieu, ainsi il ne de-

vrait y avoir qu'un seul culte extérieur, mais il en
est autrement. Les hommes, en peuplant la terre, se
sont autant séparés par leurs opinions religieuses que
par les intervalles dont ils se sont éloignés les uns
des autres; il en est résulté des croyances diverses au
sujet de la Divinité et de ses attributs. Ces croyances,
nommées *dogmes*, ont déterminé les cultes en usage
dans le monde.

Questionnaire.

Quels motifs portent l'homme à adorer Dieu?—Que fait l'homme
par son adoration? — Qu'est-ce que le culte? — Qu'est-ce que le
culte intérieur? — Qu'est-ce que le culte extérieur? — Comment
pratique-t-on le premier? — Comment pratique-t-on le second?
— Que font les hommes pour pratiquer ensemble le culte extérieur? — Quel avantage y a-t-il pour eux? — N'y a-t-il qu'un
seul culte extérieur sur la terre? — Quelle est la cause de cette
multiplicité de cultes?

CITATIONS.

Dieu a fait l'univers, il m'a tiré du néant; tous les
avantages du corps, de l'esprit et du cœur dont je
jouis, c'est de lui que je les tiens; il veille à ma conservation, et saura pourvoir à ma félicité.

Pour sa bonté, je lui dois de l'amour; pour ses
bienfaits, de la reconnaissance; et pour sa majesté,
des hommages.

Ce n'est pas précisément en vue de la seule grandeur
de Dieu que nous lui devons des hommages, c'est
parce que nous sommes ses vassaux. Dieu seul possède sur le monde entier une autorité universelle
dont celle des rois n'est que l'ombre. Ceux-ci tiennent
leur pouvoir dans l'origine de la volonté des peuples.

Dieu ne tient sa puissance que de lui-même. Il a dit : *Que le monde soit,* et le monde a été. Voilà le titre primordial de sa royauté ! Autant son empire est supérieur à celui des princes, autant nous lui devons rendre de plus profonds hommages.

TOUSSAINT.

Pourquoi êtes-vous né ? demandait-on au philosophe Anaxagore. — Pour regarder le ciel, répondit-il. — Mais, ajouta-t-on, quelle est votre patrie ? — La voici, répliqua-t-il en montrant du doigt cette voûte immense dont l'éclat instruit la terre à vénérer son auteur.

—

Heureux qui met en Dieu toute sa confiance !

Mon Dieu, pour être heureux, tu m'as mis sur la terre.
Tu sais bien mieux que moi quels sont mes vrais besoins,
Le cœur de ton enfant s'en rapporte à tes soins ;
Donne-moi les vertus qu'il me faut pour te plaire.

MOREL-VINDÉ.

Je ne suis qu'un enfant encore,
Mais je veux louer le Seigneur ;
D'un Dieu si bon que tout adore,
Je veux célébrer la grandeur.
C'est lui qui donne la lumière
A l'astre qui règle le jour,
Et l'astre qui, la nuit, éclaire encor la terre,
Est un présent de son amour.
C'est lui qui donne la naissance
A tous ces animaux divers
Semés avec magnificence
Dans tous les coins de l'univers.
Il a fait la baleine immense

Qui plonge dans les vastes mers ;
L'insecte lui doit l'existence,
Comme l'aigle qui fend les airs.
Ce riant tapis de verdure
Qui pare si bien nos bosquets,
Ce zéphir, dont l'haleine pure
En rend les ombrages si frais,
Ces œillets, ces lis et ces roses
Répandant des parfums si doux,
Ces fruits délicieux.... tant d'admirables choses,
Ce Dieu les fit toutes pour nous.

Dans mon berceau couché naguère,
Muet et privé de raison,
De ce bienfaiteur de la terre
Je ne connaissais pas le nom.
Mais ma raison commence à naître :
De mon Dieu je parle aujourd'hui...
Ma mère, en ses leçons, me l'a bien fait connaître.
Je veux me consacrer à lui !
Tout le bénit dans la nature,
Tout me parle de sa bonté.
Jusqu'au ruisseau dont le murmure
Réjouit mon cœur enchanté.
Les petits oiseaux du bocage
Le chantent sur les verts rameaux.
Désormais, chaque jour, je joindrai mon hommage
A celui des petits oiseaux.
Dans son sein que ce Dieu m'appelle,
Aussitôt sans crainte j'irai ;
A ses ordres toujours fidèle,
Qu'il commande, j'obéirai.
Si ma raison se fortifie,

Un jour, bien mieux, je le loûrai;
Et tant qu'il daignera me conserver la vie,
Non, jamais je ne l'oublirai.

Mistriss BARBAULT. — Imité de l'anglais,
par BLONDEAU DE COMMERCY.

Salut, principe et fin de toi-même et du monde !
Toi qui rends d'un regard l'immensité féconde,
Ame de l'univers, Dieu, père, créateur,
Sous tous ces noms divers je crois en toi, Seigneur !
Et, sans avoir besoin d'entendre ta parole,
Je lis au front des cieux mon glorieux symbole.
L'étendue à mes yeux révèle ta grandeur,
La terre ta bonté, les astres ta splendeur.
Tu t'es produit toi-même en ton brillant ouvrage :
L'univers tout entier réfléchit ton image,
Et mon âme à mon tour réfléchit l'univers.
Ma pensée, embrassant tes attributs divers,
Partout autour de toi te découvre et t'adore,
Se contemple soi-même, et t'y découvre encore.
Ainsi l'astre du jour éclate dans les cieux,
Se réfléchit dans l'onde et se peint à mes yeux.

LAMARTINE.

Sujets à développer.

Tolérance. — Indifférence en matière religieuse.

LEÇON VI

—

DEVOIRS ENVERS DIEU

—

RELIGION.

CONDUITE RELIGIEUSE DE FABIUS DORSO.

Les Gaulois, sous la conduite de Brennus, assié-

geaient le Capitole, et veillaient exactement à ce que
personne n'en sortît et ne passât à travers les portes,
lorsqu'un jeune Romain, par une action à la fois pieuse
et hardie, attira sur lui les yeux et l'admiration, tant des
ennemis que des citoyens. Un usage religieux imposait
à la famille des Fabius un sacrifice qui devait se faire à
jour fixe sur le Quirinal, montagne assez distante du
Capitole. Le retour annuel de ce devoir à remplir étant
arrivé pendant la durée du siége, Fabius Dorso voulut
y satisfaire, en sortant de la forteresse où il était ren-
fermé avec ses compagnons assiégés. Il se revêt donc
d'un habit convenable à la circonstance, descend dans
la plaine, portant entre ses mains les choses sacrées,
traverse les rangs des ennemis, sans se laisser intimi-
der par le bruit et les discours, et arrive au mont Quirinal. Après y avoir accompli toutes les cérémonies
prescrites, il retourne par le même chemin, avec une
égale gravité, et une pleine confiance que la protection divine ne lui manquerait pas. Il rentre heureusement dans le Capitole, sans avoir été arrêté par les Gaulois,
étonnés de sa généreuse audace, et respectant la religion
qui l'avait inspirée.

Questionnaire.

Qu'étaient les Gaulois ? — Qu'était Brennus ? — Qu'était le
Capitole ? — Qu'était le Quirinal ? — Quelle fut la conduite de
Fabius Dorso ? — Comment accomplit-il le devoir religieux imposé
à sa famille ? — Que lui arriva-t-il ? — Que firent les Gaulois ? —
Quelles réflexions suggère sa conduite ?

Racontez l'anecdote. — Dites ce que vous en pensez.

INSTRUCTION.

Le culte extérieur a été institué pour faciliter à

l'homme les moyens de satisfaire le sentiment intime qui l'unit à Dieu, et qu'on appelle *Religion* (1), mélange d'amour et de crainte, de respect et de reconnaissance.

Il contribue à son bonheur en l'aidant à nourrir en lui, à développer, à manifester ce délicieux accord d'émotions diverses, éprouvées sous l'influence de Dieu.

Lorsqu'on a été élevé dans les pratiques qui dérivent d'une croyance religieuse, instruit de ses dogmes et de ses règles, il ne suffit pas d'y mettre sa confiance et son espoir, il faut encore y conformer toute sa conduite.

Si chaque pieuse institution emploie des formes particulières dans les hommages rendus à Dieu, toutes cependant, à moins d'être indignes de ce nom, doivent avoir sur les hommes des effets communs, savoir : d'entretenir dans leurs âmes la religion et d'y conserver l'amour du bien.

Toutes se rencontrent encore dans des usages généraux qu'elles recommandent également; par exemple, elles prescrivent des invocations journalières le matin et le soir, et des prières d'un ordre différent les jours de repos et de fête.

Tout homme religieux se consacrera donc à la pratique de son culte avec zèle, mais sans ostentation, sans cette exagération qui fait tomber dans des erreurs.

En remplissant fidèlement leurs obligations reli-

---

(1) Le mot de *religion* vient du latin *religare*, lier : en effet, la religion est le lien du ciel et de la terre. On emploie très-fréquemment le même mot pour désigner un culte : *la religion dominante.*

gieuses, il est des personnes qui entreprennent plus que les autres et sont très-louables lorsqu'elles savent s'arrêter au point nécessaire pour ne rien négliger de ce qu'elles ont à faire dans leur état. Leur conduite se nomme DÉVOTION; elle consiste non-seulement à s'acquitter de tout ce qu'exige leur église, mais encore à ajouter suivant ses lumières aux pratiques essentielles. Une personne dévote multiplie ses prières, assiste à toutes les cérémonies, apporte aux divers exercices du culte le soin le plus assidu. Or, une telle manière d'agir suppose que l'on a assez de loisir pour consacrer une bonne partie de son temps aux choses saintes. Mais ce loisir n'est pas accordé à tout le monde; les soins de la vie ne laissent à la plupart des hommes que de courts relâches, et c'est uniquement dans ces intervalles qu'il leur est possible d'oublier un instant les affaires terrestres pour s'occuper du Ciel. Ils doivent alors suppléer aux habitudes de la dévotion par un sentiment de religion énergique et profond, qui leur remettra souvent à l'esprit l'idée de Dieu, ses bienfaits et le retour de gratitude qui lui est dû. Cette idée sanctifiera toutes leurs actions, et s'ils ne peuvent se livrer à la prière que le matin, le soir, les jours de fête, du moins ils sauront par leur culte intérieur se reporter souvent en pensée vers l'auteur de la vie : à ce divin maître ils adresseront de muettes élévations de l'âme aux moments du travail, des repas, du plaisir, de la souffrance, du repos, de la maladie. Alors ils se rendront dignes des bénédictions célestes par leur PIÉTÉ autant que les autres par leur DÉVOTION.

Tel est le double exemple proposé aux enfants: Qu'ils

soient *pieux* toute leur vie; *dévots,* quand ils pourront
consacrer au bonheur de prier un temps que d'autres
soins ne réclameront pas. Mais qu'ils sachent qu'il ne
suffit pas d'adresser de temps en temps quelques invocations à Dieu, il faut que toutes leurs actions
prouvent qu'ils pensent constamment à lui : ce que
l'on reconnaîtra, s'ils témoignent à leurs parents, à
leurs maîtres, aux ministres du culte une juste vénération, aux autres hommes et surtout aux malheureux une charité empressée; si, à la suite de prières
ferventes, ils sont dociles, appliqués, exacts à leurs
devoirs, d'une humeur douce et toujours résignée à
la volonté divine.

Questionnaire.

Qu'est-ce que la religion ? — Qu'est-ce qui entretient la religion
dans le cœur de l'homme ? — Que doit-on faire, en suivant les
pratiques d'un culte ? — Que recommandent tous les cultes ? —
Comment doit-on pratiquer son culte ? — Qu'est-ce que la dévotion ? — Que faut-il pour se livrer à la dévotion ? — Comment
peut-on suppléer aux habitudes de la dévotion ? — Qu'est-ce que la
piété ? — Quels sont dans la conduite d'un enfant les actes qui
témoigneront de sa piété ?

CITATIONS.

Ne vous contentez pas de faire exactement vos
prières du matin et du soir, mais habituez-vous à prier
encore de temps à autre dans la journée. Vous le
pouvez sans vous mettre à genoux, et sans adresser
à Dieu beaucoup de paroles. Une bonne pensée est une
prière; une bonne action, un devoir bien rempli, une
tentation vaincue, ce sont autant de prières dont Dieu
comprend le langage. Et puis, dans une journée, que
d'occasions d'élever votre cœur vers Dieu ! Tantôt,

c'est pour le remercier des plaisirs qu'il vous donne : *Seigneur, que vous êtes bon pour moi !* dites-lui alors. Tantôt, c'est pour lui demander de venir à votre secours, quand vous êtes tenté de mal faire. *Mon Dieu, direz-vous, j'ai bien envie de céder à ma vanité, à ma paresse, mais j'ai encore plus envie d'être sage; aidez-moi !*   MADAME DE FLAVIGNY.

Lorsque des enfants vivent avec des personnes pieuses, on doit veiller attentivement à ce qu'ils ne témoignent pas une gravité affectée. Tout ce qui n'est pas parfaitement naturel, tout ce qui ressemble à l'hypocrisie, doit être réprimé.

Prenons garde que les enfants ne fassent trop de cas des actes extérieurs; il faut qu'ils respectent les pratiques religieuses, qu'ils soient accoutumés à les suivre régulièrement comme un devoir sacré, auquel l'on doit faire céder les choses secondaires; mais il faut qu'ils apprennent en même temps que ces pratiques sont en elles-mêmes tout-à-fait insuffisantes, si l'on n'est pas pieux par le cœur, et que le mérite religieux consiste, non dans ce que nous paraissons aux yeux des hommes, mais dans ce que nous sommes aux yeux de Dieu, qui lit dans les âmes.

—

Servir Dieu, mes enfants, c'est suivre tous les jours,
Les lois que sa justice impose à tous les hommes :
Aimer les malheureux, leur porter nos secours,
Et remplir les devoirs de l'état où nous sommes.

                              MOREL-VINDÉ.

Don sublime, douce prière,
Toi qui te fais entendre à toute heure, en tous lieux,
Lien du ciel avec la terre,
Quelle âme ne connaît ton charme précieux ?

Qu'es-tu, sinon la voix de l'innocence,
Le regard du pécheur élevé vers les cieux,
Le cri de la reconnaissance,
Ou le soupir du malheureux !

LAURENT DE JUSSIEU.

Heureux celui qui sait prier !
Heureux celui dont la jeune âme,
Brûlant d'une céleste flamme,
S'élève vers son Dieu pour le glorifier !

Quand l'astre du matin ramène la lumière,
J'admire son éclat, je bénis son retour,
Et, le front incliné, j'adresse ma prière
Au Créateur du jour.

Lorsque l'ombre descend du sommet des montagnes,
Quand le doux astre qui la suit
D'un bleuâtre reflet éclaire nos campagnes,
J'adore l'Auteur de la nuit.

Qu'il est grand, qu'il est bon, le Dieu qui fit le monde,
Le Dieu qui fut mon créateur,
Qui daigne parler à mon cœur
Et permet que je lui réponde !

De quels maux puis-je être accablé,
Lorsque je sens qu'il entend ma prière ?
Est-il quelque douleur amère,
Dont, en priant, je ne sois consolé ?

Quels plaisirs pourraient me séduire,
    S'ils offensaient ce Dieu si bon ?
Avec un cœur rebelle à son divin empire,
    Oserais-je invoquer son nom ?

    Oh ! oui, je l'oserais encore !
Ses bras sont ceux d'un père ouverts au repentir,
    Et le coupable qui l'implore
Est un fils égaré qui veut lui revenir.

Madame Tastu.

O Père bienfaisant de toute créature,
Dont le temple est partout où s'étend la nature,
Dont la présence creuse et comble l'infini,
Que ton nom soit partout dans toute âme béni !
Que ton règne éternel, qui tous les jours se lève,
Avec l'œuvre sans fin recommence et s'achève !
Que par l'amour divin, chaîne de ta bonté,
Toute volonté veuille avec ta volonté !
Donne à l'homme d'un jour, que ton sein fait éclore,
Ce qu'il lui faut de pain pour vivre son aurore !
Remets-nous le tribut que nous aurons remis
Nous-même en pardonnant à tous nos ennemis
De peur que sur l'esprit l'argile ne l'emporte,
Ne nous éprouve pas d'une épreuve trop forte ;
Mais toi-même, prêtant la force à nos combats,
Fais triompher du mal tes enfants d'ici-bas.

Lamartine

Sujets à développer.

Superstition. — Hypocrisie.

—

DEVOIRS ENVERS LES PARENTS

—

PIÉTÉ FILIALE DE TÉRENTIA.

Une dame romaine, coupable d'une faute que l'his‑
toire ne nomme pas, fut, par l'ordre des magistrats,
livrée au bourreau, pour être secrètement étranglée
dans la prison. L'exécuteur en eut pitié, et au lieu
de lui ôter lui-même la vie, il préféra la laisser périr
de faim. Il poussa la commisération jusqu'à permettre
à Térentia, fille de la prisonnière, mariée depuis quel‑
que temps à un chevalier romain, et nourrissant alors
un petit enfant de deux à trois mois, de venir la vi‑
siter; mais il avait la précaution, toutes les fois qu'elle
venait, de s'assurer si elle n'apportait aucune nourri‑
ture à sa mère.

Plusieurs jours s'écoulèrent ainsi, sans que la mère
de Térentia parût affaiblie par un jeûne aussi long.
Étonné de ce qu'elle vivait encore, le geôlier observa
de plus près. Il s'aperçut que la jeune femme présen‑
tait le sein à sa mère qu'elle sustentait ainsi de son
lait. Levant alors les mains au ciel, et pénétré d'admi‑
ration à la vue d'un trait aussi beau et jusqu'alors
inconnu, il alla sur-le-champ, au péril de sa vie, dé‑
clarer ce qu'il en était aux juges qui avaient prononcé
l'arrêt de mort.

Ce rare exemple de piété filiale fut vivement senti
et par les magistrats et par le peuple : chacun cria

grâce pour la mère coupable, en faveur de la fille si tendre et si reconnaissante. La rémission de la peine due au crime fut accordée d'une voix unanime. On fit plus : on assura à la mère et à la fille, sur le trésor public, de quoi les faire subsister le reste de leurs jours ; enfin, pour donner à la belle action que l'on récompensait toute la célébrité qu'elle méritait, la prison fut démolie, et l'on bâtit sur l'emplacement un temple à la Piété filiale.

Questionnaire.

Quel devait être le supplice de la dame romaine ? — Que fit d'abord l'exécuteur ? — Que fit-il ensuite ? — Quelle précaution prenait-il ? — Quelle découverte fit-il ? — Quelle fut alors sa résolution ? — Quelle fut la décision rendue ? — Quelles furent encore les autres mesures prises dans cette circonstance ?

Racontez l'anecdote. — Dites ce que vous en pensez.

INSTRUCTION.

Quand un enfant commence à comprendre tous les soins dont l'entourent un père et une mère; quand il sait qu'il leur doit, avec la vie, tout son bonheur; que ce sont eux qui veillent sur lui comme une seconde Providence; que, sans eux, abandonné dans le monde, il ne pourrait se suffire, et périrait bientôt de douleur et de besoin; que leur tendresse si attentive sur son enfance est disposée pour l'avenir à tous les sacrifices; alors il sent s'éveiller dans son cœur un sentiment délicieux de reconnaissance et d'amour. C'est ce qu'on nomme la *piété filiale*, heureuse disposition de l'âme qui attache l'enfant à ses parents, ainsi que la branche l'est à l'arbre dont elle sort.

Un cœur possédé d'une si douce affection considère dans un père et une mère les images vivantes de la

Divinité; il est naturellement disposé à leur vouer, comme à Dieu, une espèce de culte. Si on lui apprend ensuite qu'il ne suffit pas de chérir, mais qu'il faut exercer son dévouement filial, ne saisira-t-il pas avec empressement les moyens de faire éclater ce qu'il éprouve ?

Suivons donc la série des obligations auxquelles se soumettra sans doute volontiers l'enfant qui aime véritablement les auteurs de ses jours.

Il est certain que nulle personne comme eux ne lui porte autant d'intérêt; que ceux-ci, cherchant sans cesse comment ils amélioreront son sort, ont besoin nécessairement de connaître tout ce qui peut les aider dans ce but. Il répondra donc à leurs bonnes intentions par la confiance la plus entière. Rien de ce qui le regarde ne leur sera caché, son âme leur sera ouverte, et chaque fois qu'il aura pour sa conduite quelque doute, la moindre crainte, c'est auprès d'eux qu'il réclamera des conseils.

Mais aussi, une fois les règles reçues, il les acceptera avec soumission; et si parfois leurs ordres préviennent ses intentions, il les exécutera avec docilité. En de rares circonstances, il se pourra faire qu'une faute provoquera une remontrance sévère; que des parents, bien qu'animés de la volonté d'être justes, se tromperont en quelque chose, et exigeront ce qu'ils rétracteraient si la vérité leur était démontrée. Que fera leur enfant ? Dans le premier cas, il supportera les conséquences de sa faute, et regardera la punition ou la privation infligée comme une utile réparation. Dans le second, il s'abstiendra de résister, ce qui aggraverait le mal; sacrifiant son droit, il méritera que Dieu lui donne dans un autre temps une juste compensation

Mais alors, comme toujours, il accueillera les paroles de ses parents avec un profond respect. Persuadé qu'ils ont sur lui l'avantage de l'expérience en une foule de choses que bien souvent il est hors d'état de comprendre, il ne se permettra aucun murmure : un discours irrespectueux découvrirait son ignorance ou de coupables sentiments. S'il met un frein à sa langue, il ne doit pas donner pour cela plus de licence à sa pensée. Malheur à l'enfant qui interprète mal les actes de ses parents! Dieu lit dans son âme, et tient note des idées perverses qui s'y introduisent, pour lui en demander plus tard un compte rigoureux.

Cependant il est une situation difficile pour un enfant doué de nobles sentiments : ses parents peuvent être égarés par des chagrins, par des malheurs, dominés par des habitudes qui n'auront pas été autrefois corrigées, et tomber, aux yeux de leur famille, en des actions blâmables. Eh bien ! ces faits, quels qu'ils soient, ne doivent pas effacer de la mémoire de l'enfant le souvenir de ses premières années, où ses parents ont acquis par tant de bontés des droits à son attachement et à sa déférence. Il cherchera au contraire à s'expliquer les motifs d'une conduite déplorable, gardera le plus grand secret sur des écarts qu'il aurait voulu ne point voir, et oubliera ce qu'il ne saurait conserver en lui-même sans ingratitude ou rappeler sans cruauté.

Sa tâche deviendra facile quand, plus avancé en âge, il s'apercevra que ses parents se courbent sous le poids des années, et s'affaiblissent au moment où lui-même, recueillant le fruit de leurs soins, il jouit de la plénitude de ses forces. Alors il leur payera la dernière partie de la dette contractée depuis le moment de sa naissance; il environnera leurs vieux jours de la vigilance la plus affectueuse, et plus il verra leur corps et leur esprit s'affaisser, plus il fera d'efforts pour les aider et les soutenir.

Telle sera la conduite d'un enfant vertueux, et les récompenses ne lui manqueront pas. Après les caresses et les louanges de ses parents, lui viendront un jour, quand il sera chef de famille, les caresses et la douce reconnaissance d'enfants heureux de lui appartenir. Ce qu'il aura fait pour les auteurs de sa vie, ce sont ses fils qui l'acquitteront. Instruits de sa conduite passée, ils voudront être dignes de lui. Ainsi quand les objets de son pieux hommage auront cessé de vivre, il se trouvera l'objet à son tour d'un culte filial, que Dieu accorde comme récompense à ceux qui ont honoré leur père et leur mere.

Questionnaire.

Que doit un enfant à son père et à sa mère? — Que font ceux-ci à son égard? — Que deviendrait-il sans eux? — A quoi sont-ils toujours disposés pour lui? — Quel est le sentiment qui attache l'enfant à ses parents, quand il comprend combien est grand leur amour? — Qu'est-ce qu'un enfant pieux considère dans ses parents? — Est-il quelque personne qui puisse porter à des enfants autant d'intérêt qu'un père et une mère? — Que cherchent sans cesse ces derniers? — Comment un enfant répondra-t-il à leurs bonnes intentions? — Comment leur témoignera-t-il sa confiance? — Que fera-t-il relativement aux règles qu'ils lui imposeront? — Et relativement à leurs ordres? — Comment se conduira-t-il, lorsqu'on lui infligera une punition? — Et si ses parents se trompent? — Comment écoutera-t-il toutes leurs paroles? — Qu'est-ce qui l'empêchera de murmurer? — Que feraient supposer des murmures? — Et si, sans parler, il renfermait son mécontentement en lui-même, et accusait intérieurement ses parents?

— Si des parents commettaient devant un enfant des actions blâmables, que devrait-il faire ? — Comment se conduira-t-il, quand ils seront vieux et infirmes ? — Quelles seront les récompenses d'un enfant pieux ?

CITATIONS.

Celui qui craint le Seigneur honorera son père et sa mère, et il servira comme ses maîtres ceux qui lui ont donné la vie.

Honorez votre père par actions, par paroles, et par une patience sans bornes, afin qu'il vous bénisse et que sa bénédiction demeure sur vous jusqu'à la fin.

Mon fils, soulagez votre père dans sa vieillesse, et ne l'attristez point durant sa vie. Si son esprit s'affaiblit, supportez-le, et ne le méprisez pas à cause des avantages que vous avez au-dessus de lui ; car la charité que vous aurez eue pour votre père ne sera point mise en oubli, et Dieu vous récompensera pour avoir supporté les défauts de votre mère.

Combien est infâme celui qui abandonne son père et combien est maudit de Dieu celui qui aigrit l'esprit de sa mère !   BIBLE.

Attends de tes enfants dans ta vieillesse, ce que tu auras fait toi-même pour ton père.   PITTACUS.

Voyez quels sont les droits d'un père et d'une mère.
C'est peu, mes chers enfants, de leur devoir le jour ;
Tous les soins, les secours, par leur main tutélaire,
Vous ont été depuis prodigués tour à tour.

Que vous devez aimer cette maman si chère,
Qui souffrit tant pour vous, qui vous rend tant de soins,
Et qui prévoit si bien vos peines, vos besoins !
Est-il assez d'amour pour payer une mère ?

                              MOREL-VINDÉ.

Le plus saint des devoirs, celui qu'en traits de flamme
La nature a gravé dans le fond de notre âme,
C'est de chérir l'objet qui nous donna le jour.
Qu'il est doux à remplir, ce précepte d'amour !
Voyez ce faible enfant que le trépas menace ;
Il ne sent plus ses maux quand sa mère l'embrasse ;
Dans l'âge des erreurs, ce jeune homme fougueux
N'a qu'elle pour ami, dès qu'il est malheureux ;
Ce vieillard qui va perdre un reste de lumière,
Retrouve encor des pleurs en parlant de sa mère :
Bienfait du Créateur, qui daigna nous choisir
Pour première vertu notre plus doux plaisir !

FLORIAN.

LE CONCOURS D'AMOUR FILIAL

En Germanie, au temps jadis,
Dans un joli petit village,
S'était transmis de père en fils
Un aimable et touchant usage.
Au retour des fleurs, tous les ans,
Le doyen des chefs de famille,
En présence des habitants,
Couronnait une jeune fille
De douze à quatorze printemps.
Ce n'était pas la plus gentille,
Mais celle qui, pour ses parents,
Manifestait, dès sa jeunesse,
Plus de dévoûment, de tendresse
Plus d'amour, plus de soins constants :
Et les parents venaient eux-mêmes,
Devant quatre juges suprêmes,
Plaider les droits de leurs enfants.

Ne prenez point pour une fable
Ce concours d'amour filial,
En voici le procès-verbal
Extrait d'un livre respectable :

« Ce jourd'hui, par-devant le village assemblé
Sur la place dite Esplanade,
Le doyen étant sur l'estrade
Et le bailli sur son siége étalé,
Les parents de la jeune Lise,
De la tendre Lisbeth, de la douce Denise,
Ont tour à tour ainsi parlé :

» Si vous saviez combien ma Lise est bonne, »
Dit le vieux Frantz, « vous n'hésiteriez pas
» A lui voter cette fraîche couronne.
» Depuis cinq ans elle guide les pas
» D'un père aveugle, et chaque jour lui donne
» Le pain gagné par ses bras délicats.
» Mes tristes yeux, en perdant la lumière,
» Avaient gardé la force de pleurer,
» Et je disais dans ma douleur amère :
» Viens, mon enfant, viens : nous allons errer
» De ville en ville ; aux riches de la terre
» Nous montrerons ton âge et ta misère ;
» Lorsque si jeune ils te verront souffrir,
» Ils sentiront leur âme s'attendrir ;
» Et la pitié... — Que dites-vous, mon père ?
» S'écria Lise ; ah ! je n'ai plus de mère,
» Mais son exemple est gravé dans mon cœur !
» Bien faible encor, pour vaincre le malheur
» Je trouverai la force nécessaire.
» Ne quittons point notre douce chaumière,

» Vous y vivrez de mon petit labeur ;
» Comptez sur moi : votre Lise est trop fière
» Pour mendier le pain de son vieux père.
» —Avec transport j'embrassai mon enfant,
» Et dès ce jour me reposai sur elle.
» Oh ! quel amour ! quel dévoûment touchant !
» Je l'entendais, à chaque aube nouvelle,
» Quitter son lit et marcher doucement,
» A ses travaux se remettre avec zèle.
» Ce petit bruit, ce léger mouvement
» Venaient frapper la couche paternelle,
» Comme un rayon du beau soleil levant ;
» Je m'éveillais, et ma jeune gazelle
» Près du vieux Frantz accourait en chantant.
» Son seul repos était de me distraire,
» Son seul plaisir, un baiser de son père...
» Ah ! pourriez-vous hésiter, en ce jour,
» A couronner son filial amour ? »

« A ces mots, il se fait entendre
Certain murmure harmonieux ;
Et chacun jette un regard tendre
Sur Lise qui baisse les yeux.

» Mais une mère en deuil, plaintive, désolée,
Soutenant un triste vieillard,
S'avance et fixe le regard
Des juges et de l'assemblée.
Chacun a reconnu les parents de Lisbeth,
De Lisbeth que chacun aimait,
Que tout le village a pleurée ;
Tous les cœurs sont émus, et la foule se tait
Pour entendre à son tour cette mère éplorée :

» Je dirai peu de mots : ma douce enfant n'est plus !

» Durant treize ans entiers elle a fait nos délices ;

» Son âme était un temple où toutes les vertus

» De bonne heure ont reçu les plus purs sacrifices ;

» Le dernier fut affreux : elle s'y résigna.

» Alors qu'un mal cruel vint frapper son enfance,

» Durant quatre longs mois de crainte et de souffrance

» Sur son front angélique un calme saint régna.

» La peur de m'affliger soutenait sa constance :

» Je suis mieux, disait-elle ; ô maman ! ne crains rien,

» Va goûter le repos ; va, crois-moi, je suis bien...—

» Son sourire vingt fois me rendit l'espérance !

» Et lorsqu'enfin la mort, de sa terrible faulx,

» S'apprêtait à trancher une trame si chère,

» J'entendis ma Lisbeth qui murmurait ces mots :

» Mon Dieu, je me soumets ; je vais quitter la terre ;

» J'ai souffert sans me plaindre. Ah ! de votre bonté

» Si ma soumission, hélas ! a mérité

» Quelque prix ici-bas, Dieu, veillez sur mon père,

» Protégez sa vieillesse.... et consolez ma mère.

» Quand ils ne m'auront plus, qu'ils seront malheureux !

» Si je désirais vivre, hélas ! c'était pour eux ;

» C'était pour les aimer, les servir... Mais qu'entends-je ?

» Dieu m'appelle... O maman !... c'est la voix de son ange !

» Je vais prier pour vous,... recevez mes adieux...

» — Ce mot fut le dernier. Voyez ma robe noire !

» Ma douce enfant n'est plus ! Que votre arrêt pieux

» Juge si la couronne est due à sa mémoire ! »

« Ce récit simple et douloureux

Fut suivi d'un profond silence :

Des pleurs étaient dans tous les yeux ;

Et par respect pour la souffrance,

Pendant quelques instants on suspendit le cours
Des débats ouverts du concours.

« La mère Pétronille enfin est appelée
   Pour plaider devant l'assemblé,
   Et voici son naïf discours :
   « Vous connaissez tous ma Denise,
   » Et vous apprendrez sans surprise
   » Que la dame de ce hameau,
   » La trouvant si douce et gentille,
   » En ait voulu faire sa fille
   » Et l'élever dans son château :
   » Viens près de moi, petite amie,
   » Lui dit-elle un jour tendrement ;
   » Tu seras mon enfant chérie ;
   » Je ferai le sort de ta vie
   » Et te placerai dignement.
   » Tu porteras riche dentelle,
   » Fichu brodé, joli chapeau,
   » Comme une noble demoiselle.
   » Tu trouves qu'ici tout est beau ;
   » Viens-y, si tu veux être belle :
   » Tu verras nos festins, nos jeux,
   » Et de fête en fête nouvelle
   » Tes jours s'écouleront heureux.
   » — Oh ! madame, dit ma Denise,
   » Vous êtes trop bonne, vraiment ;
   » Mais puis-je être richement mise ,
   » Ma mère est mise pauvrement ?
   » A vos fêtes comment me plaire,
   » Quel goût avoir en un festin,
   » Quand je sais que mon pauvre père
   » Travaille et n'a rien que du pain ?

« — Tu raisonnes en bonne fille,

» Dit la dame ; mais, mon enfant,

» Je puis donner à ta famille

» De quoi vivre plus aisément.

» — Oh ! oui, vous êtes généreuse ;

» Mais nous n'avons pas de besoins ;

» Avec peu ma mère est heureuse,

» Et pour elle, la chose affreuse

» Serait la perte de mes soins.

» — Ah ! s'écria la châtelaine,

» Donnant à Denise un baiser,

» Dieu me garde de vous causer,

» Bonnes gens, si cruelle peine !

» Mais je me souviendrai de toi,

» Denise ; va dire à ta mère

» Qu'elle est bien plus riche que moi,

» Puisque dans son humble chaumière

» Elle possède un doux trésor,

» Dont ni la puissance ni l'or

» Ne peuvent priver sa misère. —

» Dans le hameau, depuis ce jour,

» Jamais la dame n'est venue

» Sans nous dire un petit bonjour,

» Et sans répéter tout émue,

» Faisant un soupir à part soi :

» Allez, ma bonne Pétronille,

» Quoique je dote votre fille,

» Vous êtes plus riche que moi. »

» Sur Denise, à son tour, tous les yeux se fixèrent
Les juges quelque temps entre eux se regardèrent,
    Le doyen se grattait le front,

Et le bailli, d'un air profond,
Ruminait son avis, quand des cris éclatèrent :
Triplez, triplez le prix ! Heureux en pareil cas,
Qu'on vint le tirer d'embarras,
Le respectable aréopage (1)
Prononce enfin ces mots : « Concours douteux ! Partage !
» Notre avis est, pour cette fois,
» Qu'au lieu d'une couronne il en soit donné trois,
» Sauf retour à l'ancien usage. »

Ici clôt le procès-verbal,
Au bas duquel on voit placée
Une note presque effacée,
Où j'ai pu déchiffrer encor tant bien que mal :

« Sur la tombe où Lisbeth repose,
On a trouvé le lendemain
Trois couronnes de blanche rose :
Triste hommage offert par la main
De la tendresse maternelle,
Des regrets et de la douleur,
De l'amitié sainte et fidèle,
Et du respect pour le malheur ! »

LAURENT DE JUSSIEU.

Sujets à développer.

Reconnaissance. — Vénération. — Ingratitude. — Irrévérence.

---

(1) Le nom d'*aréopage* est quelquefois donné à un tribunal, par allusion à une célèbre assemblée de juges, ainsi désignée à Athènes, et qui avait une haute réputation de sagesse et de lumières.

LEÇON VIII

—

DEVOIRS ENTRE FRÈRES ET SŒURS

—

LES DEUX PETITS SUISSES.

Deux petits garçons d'un laboureur suisse cou-
raient l'un après l'autre sur la neige ; c'était à la fin
d'octobre, et vers les quatre heures du soir. Un bois
de sapin assez épais était auprès de leur humble cabane ;
ils s'y engagèrent sans y songer, et comme ils allaient
toujours en avant, la nuit tomba tout à fait : ils se
perdirent et ne purent regagner la maison.

Ne les voyant pas revenir, le père ressent les plus
vives alarmes. Il prend avec lui des voisins et court
dans la forêt à la recherche de ses enfants. On va de
tous côtés ; on les appelle, mais vainement ; ils ne
répondent point, on ne parvient pas à les découvrir.

Enfin on allume de longs bâtons résineux, et l'on
parcourt le bois dans toutes les dimensions. Ce ne
fut qu'après trois heures d'inquiétudes qu'on aperçut
les deux petits garçons endormis dans un trou rempli de feuillage, et couchés l'un sur l'autre. L'aîné,
nommé Augustin, âgé de neuf ans, s'était dépouillé
de sa veste, et en avait habillé Colas, son petit frère,
âgé de six ans, et vêtu d'un simple gilet. Ensuite il
s'était étendu de son mieux sur lui, à dessein de
réchauffer son petit corps, et de le protéger, au péril
de sa vie, contre les atteintes de la gelée.

Questionnaire.

Quelle imprudence commirent les deux enfants, en jouant? — Quelles en furent les suites? — Quel danger couraient-ils? — Lequel fit le sacrifice de sa vie pour l'autre?

Racontez l'anecdote. — Dites ce que vous en pensez.

DÉVOUEMENT DE FRANÇOISE LE HEU.

Un chien enragé et d'une énorme grosseur, après avoir parcouru différentes fermes de la commune de Durtal, département de Maine-et-Loire, où il fit beaucoup de ravages, se porta bientôt après dans la ferme de la Duffrezière.

Une jeune fille de quatorze ans, nommée Françoise Le Heu, travaillait paisiblement à côté de son frère, âgé de neuf ans. Tout à coup elle entend les cris du chien de la ferme, qui venait d'être mordu par le terrible animal; et à l'instant même où, tout émue, elle se lève pour regarder ce qui arrive, elle voit le chien enragé accourir furieux, et se diriger vers son petit frère.

Par une intrépidité qu'on eût à peine attendue de la part d'un homme surpris à l'improviste, la jeune fille se précipite hardiment sur l'ennemi. Le danger lui prête des forces qu'elle n'a pas encore; et malgré les douloureuses blessures qu'elle reçoit aux bras et aux mains, elle saisit l'amimal dangereux, l'embrasse corps à corps, et le serre si étroitement, qu'elle l'empêche d'atteindre son frère évanoui de frayeur.

La jeune Françoise, dans cette affreuse position, se sent heureusement assez de forces encore pour appeler du secours. Sa mère l'entend, accourt, et secondée par un journalier, tue le chien, pendant que la courageuse fille, le retenant toujours, l'empêche de fuir.

Une récompense décernée par le ministre à l'héroïque Françoise fut le prix de son dévouement fraternel.

Racontez l'anecdote. — Dites ce que vous en pensez.

Questionnaire.

Qu'est-ce que l'intrépidité ? — Qui n'en aurait peut-être pas montré autant que Françoise? — Qu'arrive-t-il souvent aux personnes courageuses ? — Qu'est-ce qui rend plus admirable l'intrépidité de la jeune fille? — Quelle fut la récompense de son dévouement ?

INSTRUCTION.

Porter son affection sur les mêmes parents, partager leur tendresse et leurs soins, être élevés ensemble, se trouver dès la naissance associés aux mêmes plaisirs, aux mêmes peines, aux mêmes devoirs : voilà ce qui unit d'un lien que rien ne saurait détruire des frères et des sœurs.

Ce lien se forme à leur insu et prend de la force avec les années. Les cœurs vertueux goûtent un grand bonheur à le sentir se resserrer, et pour empêcher qu'il ne se relâche, il n'est rien qu'ils ne fassent.

Ils mettent toute leur application à conserver avec leurs frères et leurs sœurs cette union que la volonté de Dieu a établie. Ils l'entretiennent par leur complaisance, attentifs à prévenir les désirs de ceux qu'ils aiment, empressés à satisfaire les intentions qu'ils n'ont pu deviner. Il est peu de familles où des causes, quelles qu'elles soient, et souvent même légères, n'amènent des discussions capables de dégénérer en querelles. Eh bien ! un bon frère, une aimable sœur réprimera tout mouvement de vivacité contraire à l'amitié fraternelle, et ne permettra jamais qu'un débat se prolonge. Un mot de bonté, l'aveu d'une erreur, une caresse désarmera le cœur irrité, et la douceur empêchera l'orage d'éclater. Bien plus, le souvenir du désaccord s'effacera dès le moment où renaîtra le calme ; et jamais ni la bouderie, ni la rancune ne sépareront des âmes qui doivent toujours s'entendre. Supposons pourtant qu'une explication un peu vive n'ait pu être évitée, et que de part et d'autre on se soit retirés mécontents, la réflexion fera sans doute comprendre qu'entre frères la désunion est contre nature ; qu'elle ne saurait durer sans dommage et sans chagrin. Alors l'enfant animé d'un bon esprit s'empressera de se rapprocher : s'il a des torts, il ne rougira pas d'une excuse, d'une réparation ; si, au contraire, la raison est pour lui, et que seul il sente le prix de la réconciliation, il laissera généreusement son droit de côté ; pardonnant de son propre mouvement, il trouvera dans le sacrifice de son animosité la force de faire les premiers pas, et, attirant à lui le coupable honteux, lui fera expier sa faute dans ses embrassements.

Nous savons qu'entre frères et sœurs tout doit être commun, qu'il doit y avoir partage égal. Si par hasard cette condition n'était pas remplie, comment se conduirait celui qui serait privé de ce qu'il aurait espéré ? S'abandonnerait-il contre l'autre à une basse jalousie ? Mais ce serait reproduire le rôle de Caïn. Il y aurait, je pense, quelque chose de mieux à faire ; ce serait de raisonner avec lui-même les motifs qui auraient troublé l'ordre naturel.

Mon frère, se dirait-il, reçoit de nos parents plus d'amitiés, plus de présents ; on lui procure plus de plaisirs ; il y a plus de personnes qui s'intéressent à lui ; il obtient plus d'éloges, plus de marques d'estime ; mais les mérite-t-il ? Oui, car il est tendre et respectueux pour notre père et notre mère, bienveillant pour tout le monde, zélé dans ses devoirs où il réussit toujours. Et moi, fais-je comme lui ? N'ai-je à me reprocher dans la famille aucune désobéissance, aucun caprice ? Mon caractère est-il toujours égal pour ceux qui nous entourent ? Mon travail est-il comme le sien à l'abri des reproches ? Si cela n'est point, dois-je m'étonner qu'il soit plus heureux que moi, puisqu'il fait plus d'efforts pour mériter son bonheur ? Ce dont il jouit, je puis y prétendre ; mais c'est au même prix. Allons, du courage ; que son exemple m'anime ; en marchant sur ses traces, j'arriverai au même but.

Pour être juste, avouons encore que dans certaines familles il se passe des choses capables de déconcerter et de désoler un enfant sage et vertueux, qui se voit, contre son droit, privé de ce dont il est digne. Si cet enfant est en état d'écouter le langage d'un conseiller sincère, je lui dirai : Mon ami, Dieu ne nous a pas établis sur la terre pour y jouir sans cesse ; il y mêle les peines aux plaisirs, afin d'exercer notre vertu. Ainsi, il t'a donné un frère qui n'a pas d'aussi bons sentiments que toi, qui travaille moins, dont la conduite est souvent blâmable, et cependant il semble ne se ressentir d'aucune des conséquences que le mal entraîne ; vos parents paraissent aveuglés, des étrangers mêmes lui témoignent leur préférence ; et toi, qui as plus de

mérites, tu es délaissé ! Mon enfant, cela arrive fré-
quemment dans la vie ; le succès se fait souvent attendre pour ceux qui peuvent y avoir des droits. C'est
une épreuve à laquelle Dieu juge à propos de les soumettre, et il est impossible de s'y soustraire. Ta seule
ressource est la résignation. Mais aussi point de décou-
ragement : il faut redoubler d'efforts, et sois persuadé
que ta constance dans le bien finira par éclairer les
yeux qui s'abusent, et par vaincre l'injustice qui ne
sait pas t'apprécier. Regarde autour de toi ces gros
arbres : sais-tu ce qui les a rendus forts ? D'abord ce
n'étaient que de faibles tiges, comme toi-même tu es
un faible enfant. Eh bien ! ils ont lutté contre le vent
qui les voulait renverser. Dans leurs efforts, ils ont
attaché plus solidement leurs racines à la terre ; celles-
ci, multipliées, ont communiqué au tronc une sève
abondante qui en a augmenté le volume et la hauteur ;
et maintenant, d'arbrisseaux chétifs qu'ils étaient, les
voilà devenus comme des colonnes inébranlables qui
bravent les tempêtes : tel est ton avenir.

Encore une considération. N'est-il pas vrai que
dans la nature il y a entre tous les êtres des différen-
ces inexplicables de force, de taille, de couleur, de
forme ? De même, dans une famille on ne rencontre
pas chez les enfants qui la composent une santé aussi
solide, des avantages du corps et de l'âme aussi grands ;
les uns l'emportent sur les autres, tandis que ceux-ci
leur cèdent la supériorité. Que font alors parmi les
derniers ceux qui ont de nobles sentiments ? Ils accep-
tent sans murmure la condition que Dieu leur a faite ;
ils ne regardent pas d'un mauvais œil leurs frères en
apparence plus favorisés et qui, pour rétablir l'égalité,

ne pourraient répudier les présents du ciel, car leur sort est d'en profiter. Destinés à un rôle moins brillant, des enfants raisonnables trouvent dans leur tendresse un dédommagement à leur infériorité ; ils applaudissent aux succès des êtres qui leur sont chers, et s'honorent en les honorant. Peut-être que ramenant sur eux-mêmes leurs regards, ils éprouveront quelques regrets. Un seul mot de consolation leur suffira ; Dieu est juste ; l'équilibre rompu entre ses créatures dans cette vie se retrouve dans l'autre. Espérons.

Nous avons parlé de la supériorité de quelques membres de la famille sur les autres : elle peut venir du talent ou de l'âge. L'enfant le plus âgé doit à ses puînés une tendresse protectrice, des égards, des soins, qui sont une dette de la force à la faiblesse ; enfin, de bons exemples et de bons conseils. Celui qui est le plus riche en capacité rougira d'abuser de son intelligence, d'en tirer vanité, d'affecter la domination. Si, devenu homme, il s'élève par son travail, il descendra de sa position pour aider son frère moins habile, pour lui faire franchir les obstacles qui l'arrêtent ; enfin il lui prêtera son expérience. Que de fois n'a-t-on pas vu dans le monde un fils aîné devenir pour sa famille un second père ! Combien de jeunes filles ont dû le bonheur de leur vie au dévouement d'une sœur plus âgée !

On ne saurait encore trop recommander à des garçons qui ont l'avantage d'avoir des sœurs, de traiter celles-ci avec des égards plus attentifs que ceux qu'ils témoigneraient à des frères. Qu'ils considèrent leur faiblesse physique, leur besoin continuel de secours

et d'appui, et qu'ils se déclarent et se montrent en
toute circonstance leurs protecteurs!

Pénétrés des nombreux devoirs qu'impose le lien
fraternel, de bons enfants ne laisseront jamais s'af-
faiblir l'affection que réclament leurs sœurs et leurs
frères. Si une circonstance éloigne ceux-ci de la famille, ils reporteront souvent leurs pensées vers eux,
entretiendront un commerce de lettres qui nourrira
l'amitié. Enfin, quelle que soit leur position, quels
que soient leurs rapports, ils invoqueront en leur
faveur les bénédictions célestes comme ils le font
pour eux-mêmes.

Questionnaire,

Quelle est l'origine de l'amour fraternel? — Que doivent faire les
cœurs vertueux ? — Comment entretiennent-ils l'union avec leurs
frères et sœurs ? — Que font-ils dans les discussions? — Que
doit-on penser au sujet des querelles? — Qu'y a-t-il à faire pour
celui qui a des torts ? — Celui qui a raison doit-il attendre qu'on
revienne à lui? — Quelle est la honteuse passion que des frères
doivent avoir en horreur? — D'où vient quelquefois que des enfants obtiennent des préférences? — Que feront leurs frères, s'ils
souhaitent les mêmes avantages? — Quelle sera la conduite d'un
enfant victime d'une injustice ? — S'il est inférieur à ses frères,
parce qu'il n'aura pas en naissant reçu les mêmes avantages, comment devra-t-il agir ? — A quoi lui faudra-t-il songer pour se
consoler? — Que doivent les aînés aux plus jeunes ? — Que
doivent ceux qui sont les plus habiles ? — Comment des garçons se
comporteront-ils envers leurs sœurs ? — Quels devoirs imposera
l'absence ?

CITATIONS.

L'amitié qui unit les hommes n'est que l'ombre et la
figure de cette tendresse première inspirée par la nature à un frère pour son frère. Un homme qui ne cul-

tive pas religieusement ce sentiment, peut-il faire croire qu'il sera bienveillant envers les autres ?

PLUTARQUE.

Dans une famille tous ont en vue l'avantage de tous, parce que tous s'aiment et que tous ont part au bien commun. Il n'est pas un de ses membres qui n'y contribue d'une manière diverse selon sa force, son intelligence et ses aptitudes particulières ; l'un fait ceci, l'autre cela ; mais l'action de chacun profite à tous, et l'action de tous profite à chacun. Qu'on ait peu ou beaucoup, on partage en frères ; nulles distinctions autour du foyer domestique. On n'y voit point ici la faim, à côté l'abondance. La coupe que Dieu remplit de ses dons passe de main en main, et le vieillard et le petit enfant, celui qui ne peut plus ou ne peut pas encore supporter la fatigue, et celui qui revient des champs le front baigné de sueur, y trempent également leurs lèvres. Leurs joies, leurs souffrances sont communes. Si l'un est infirme, si l'un est malade, s'il devient avec l'âge incapable de travail, les autres le nourrissent et le soignent, de sorte qu'en aucun temps il n'est abandonné.

Point de rivalités possibles, quand on n'a qu'un même intérêt ; point de dissensions dès lors. Ce qui enfante les dissensions, la haine, l'envie, c'est le désir insatiable de posséder plus et toujours plus, lorsque l'on possède pour soi seul. Ces possessions solitaires irritent sans cesse la convoitise en ne la satisfaisant jamais. On ne jouit que des biens partagés.

Père, mère, enfants, frères, sœurs, quoi de plus

saint, de plus doux que ces noms ? et pourqooi y en a-t-il d'autres sur la terre ?

Si ces liens étaient conservés tels qu'ils furent originairement, la plupart des maux qui affligent la race humaine lui seraient restés inconnus, et la sympathie eût allégé les maux inévitables. Les seules larmes dont l'amertume soit sans mélange sont celles qui ne tombent dans le sein de personne et que personne n'essuie. LAMENNAIS.

Nous avons dans nos campagnes des exemples communs d'amitié fraternelle développée par les occasions et les circonstances. Le pauvre utilise cette affection ; il ne pourrait vaquer à ses travaux sans les soins mutuels que ses enfants se donnent. Ainsi l'un berce son petit frère, quoique à peine plus âgé que lui ; plus tard il le recouvrira de son habit de laine, s'ils se rendent ensemble à l'école par un jour pluvieux, et se placera devant lui pour le mieux rassurer, si quelque danger les menace en route. Madame de LA RIVE.

Un frère est un ami donné par la nature.

GABRIEL LEGOUVÉ.

Des frères et des sœurs l'amitié mutuelle
Soulage leurs malheurs, ou comble leurs désirs.
Chacun veille pour l'autre ; et pleins d'un même zèle,
Ils mettent en commun leurs maux et leurs plaisirs.

MOREL-VINDÉ.

LE VIEILLARD ET SES ENFANTS.

Un vieillard près d'aller où la mort l'appelait,
« Mes chers enfants, dit-il (à ses fils il parlait),

» Voyez si vous romprez ces dards liés ensemble. »
L'aîné les ayant pris, et fait tous ses efforts,
Les rendit, en disant : « Je le donne aux plus forts. »
Un second lui succède, et se met en posture.
Mais en vain. Un cadet tente aussi l'aventure.
Tous perdirent leur temps ; le faisceau résista :
De ces dards joints ensemble un seul ne s'éclata.
« Faibles gens, dit le père, il faut que je vous montre
» Ce que ma force peut en semblable rencontre. »
On crut qu'il se moquait; on sourit, mais à tort :
Il sépare les dards et les rompt sans effort.
« Vous voyez, reprit-il, l'effet de la concorde :
« Soyez joints, mes enfants ; que l'amour vous accorde. »

LAFONTAINE.

LE NID D'HIRONDELLES.

Un vieux château, de créneaux couronné,
Depuis longtemps, à la saison nouvelle,
 Sous son portique abandonné,
 Donnait asile à l'hirondelle.
 Revenant des lointains pays,
Les oiseaux voyageurs retrouvaient, chaque année,
 Dans la corniche surannée,
Les débris toujours chers de leurs paisibles nids.
Une jeune hirondelle en ces lieux était née :
 Pour elle ils n'avaient pas d'égal ;
Et, lorsqu'après l'hiver elle eut fait sa tournée,
 Elle y revint comme au pays natal.
  A son tour elle devint mère ;
  Alors l'hospitalier lambris,
Dans le nid maternel, qu'elle apprit à refaire,
  Vit éclore ses chers petits.

Oh ! combien elle était heureuse !
Oh ! qu'une mère est tendre, et son amour touchant !
Pauvre hirondelle, hélas ! pour son enfant,
Toute faible qu'elle est, n'est pas moins précieuse,
Un jour, voltigeant sur les eaux,
Notre hirondelle, à l'aventure,
Allait cherchant la nourriture
Qu'attendaient les petits oiseaux.
Soudain au bord de la rivière
Elle aperçoit trop tard l'œil cruel du chasseur.
Elle a beau crier : « Je suis mère ! »
Le coup part et la frappe au cœur.
Cependant, la troupe affamée
Tendait cinq petits becs qui, d'un ton suppliant,
Réclamaient hélas ! vainement,
La nourriture accoutumée.
L'un des frères, enfin, plus courageux, plus fort,
Celui qui, le premier, sorti de sa coquille,
Était l'aîné de la famille,
Voit le danger, tente un effort,
S'élance hors du nid, et d'une aile incertaine,
Se soutient un moment, puis va rasant la plaine.
Il y rencontre un vermisseau,
Quel bonheur ! Il l'emporte à son plus jeune frère,
Il revient plus hardi, se risque au bord de l'eau,
Aux insectes livre la guerre,
Et retourne, chargé d'un précieux butin,
Qu'il distribue à ceux qu'il aime,
Avant de songer que lui-même
Était presque mourant de fatigue et de faim.
Le lendemain, il recommence,
Et de même les jours suivants.

Petits oiseaux devinrent grands,
Heureux d'avoir reçu, pour soigner leur enfance,
Ce second protecteur que, dans un frère aîné,
Aux enfants orphelins la nature a donné.

LAURENT DE JUSSIEU..

Sujets à développer.

Attachement à la famille. — Dévouement. — Jalousie.

LEÇON IX.

DEVOIRS ENVERS LES PROCHES

CONCORDE DES ÉLIENS.

Élius Tubéron, citoyen romain, gendre de Paul-Émile, était un homme distingué, qui eut le mérite de supporter avec courage les injustices et la pauvreté. Ses domaines étaient aussi petits que son âme était grande et sublime, et cependant il avait réuni autour de lui tous les membres de sa famille. Dans une seule maison, d'une étendue fort bornée, vivaient, sous son patronage, seize citoyens, ses parents, qui avaient un grand nombre d'enfants; et tous, époux, épouses, pères, mères, fils et filles, frères et sœurs, cousins et cousines, existaient ensemble dans une paix profonde, et contents au sein de la médiocrité. Assis à la même table, au nombre de plus de soixante, intimement liés par l'unanimité de leurs inclinations vertueuses, usant d'une égale frugalité, ils présentaient dans leurs banquets un spectacle touchant du bonheur que la concorde fait fleurir dans les familles.

Questionnaire.

Quel fut le premier mérite d'Élius Tubéron ? — Qu'avait-il fait? — Comment vivaient tous ses parents? — Combien étaient-ils?— Quels liens les unissaient, outre la parenté?

Racontez l'anecdote. — Dites ce que vous en pensez.

INSTRUCTION.

Hors de la maison paternelle, nous trouvons encore des personnes, que nous nommons *nos proches parents*, et qui ont des droits particuliers à notre affection. Ce sont un grand-père, une grand'mère, des oncles, des tantes, qui peuvent un jour remplacer pour nous un père ou une mère ; ce sont des cousins, des cousines, qui sont à notre égard presque des frères et des sœurs.

L'union qui nous attache à eux vient de ce qu'ils descendent comme nous des mêmes aïeux. Tous les jours arrivent de leur part des marques d'intérêt, auxquelles la justice nous dit de répondre par des témoignages de reconnaissance et d'amitié.

Il est en outre des circonstances qui nous prescrivent envers eux une conduite qui sera facilement comprise par les bons cœurs. Quelques-uns en avançant en âge perdent l'appui de leurs enfants enlevés par la mort ou séparés par les événements. Ils restent ainsi isolés au moment où les infirmités surviennent, où la faiblesse de l'âge rend le travail difficile, quelquefois même impossible. Que deviendraient-ils, si la nature ne nous rapprochait d'eux, si nous ne mettions à leur service notre tendresse, nos bras, nos soins et nos ressources? Parmi eux se trouvent le père ou la mère, le frère ou la sœur d'une mère, d'un père chéri. Si nous avons survécu à ces derniers, nous n'avons pas oublié avec quelle cordialité et quel empressement ils accueillaient autrefois les vieillards qui nous retracent leurs images et leur affection; comment ils suivaient auprès d'eux les inspirations de la piété filiale, de l'amitié fraternelle. Eh bien, s'ils vivaient encore, que feraient-ils aujourd'hui? Sans doute ils ne voudraient pas que ces personnes tant aimées dussent leur bien-être actuel à d'autres qu'à eux-mêmes; suivant leur fortune, ou ils leur feraient habiter le même toit, ou partageant avec elles leur aisance, les entoureraient de serviteurs dirigés par leur vigilance. Or, nous avons reçu d'eux en héritage leurs biens, leur réputation; montrons que nous possédons aussi leurs bons sentiments et leurs mêmes dispositions à acquitter toutes les dettes de la nature et de l'honneur.

A mesure que les années nous rendront témoins d'un plus grand nombre d'événements, nous verrons aussi les familles, unies à nous par le sang, subir des chances qui les placeront en des situations nouvelles. Quelques-uns de leurs membres, du même âge que nous, s'élèveront, parviendront à une certaine prospérité, tandis que d'autres tomberont quelquefois bien bas et languiront dans le besoin. Aux premiers, il nous sera facile de conserver nos anciens sentiments, si nous fermons notre âme à une misérable jalousie. Mais les seconds réclament toute notre sollicitude : leur détresse appelle notre aide, et doit faire sortir de nos mains économes les réserves préparées pour les temps malheureux. Entre les indigents, voilà ceux qui ont les premiers droits à nos secours. Mais n'oublions pas que la générosité doit se joindre à la délicatesse; il ne s'agit pas seulement d'offrir et de donner, il faut encore sauver à celui qui accepte l'humiliation de recevoir. Qu'un présent leur arrive comme une part naturellement prélevée sur des biens dont nous sommes les dépositaires, chargés de les distribuer entre les descendants des mêmes ancêtres !

Questionnaire.

Quelles sont les personnes qui sont nos proches ? — Comment appartiennent-elles à la même famille? Quel peut être le sort des plus âgées d'entre elles ? — Quel souvenir doit nous intéresser à elles, outre l'attachement que déjà nous leur portons ? — Que devons-nous faire à leur égard ? — A quels événements sont soumis ceux de nos proches qui sont du même âge que nous ? — Comment agir envers eux ?

CITATIONS.

Abraham étant revenu de l'Égypte avec Sara, sa femme, et Lot, son neveu, s'établit à Béthel. Comme son neveu et lui étaient fort riches, il arriva des querelles entre les pasteurs de leurs troupeaux, qui firent voir qu'ils ne pouvaient plus demeurer ensemble, et qu'une même terre ne les pouvait plus contenir. Abraham eut horreur de ces querelles; et prévoyant les suites funestes que ces divisions entre les domestiques peuvent avoir, en passant des serviteurs aux maîtres mêmes, l'aversion qu'il en conçut dans son cœur le porta à les prévenir au plus tôt par une prompte séparation. C'est pourquo il alla trouver Lot, et lui dit : Qu'il n'y ait point de querelles, je vous prie, entre vous et moi, ni entre vos pasteurs et les miens; car nous sommes frères, c'est-à-dire, proches parents. Toute la terre est à votre choix; je vous prie seulement de vous retirer; si vous allez à la gauche, je me tiendrai à la droite; si vous allez à la droite, j'irai à la gauche. Mais Lot ne témoigna pas, en acceptant cette offre, la même sagesse qu'Abraham avait témoignée, en la lui faisant, car ne pensant pas assez quelle perte c'était pour lui de se séparer d'un tel homme et ne voyant pas qu'il lui fallait plutôt faire toute autre chose que de souffrir une telle séparation, il se rendit sans grande résistance à ce qu'Abraham lui disait. Il ne s'appliqua donc qu'à choisir de quel côté il devait aller, et ne consultant dans ce choix que ses yeux, il prit pour lui le pays qui lui sembla le plus beau et le plus riant, et alla demeurer à Sodome. De la compagnie du plus saint personnage qui fût alors sur la terre, il tomba dans la société des plus scélérats d'entre les hommes; et, en se séparant un peu trop légèrement de son oncle, il vint dans une ville pleine de crimes.

On apprend, dans cette histoire, deux choses très-importantes. On voit dans la conduite d'Abraham l'horreur qu'on doit avoir des moindres disputes, et combien il faut se défier en ce point des personnes qui peuvent en être les auteurs. Mais on voit aussi dans Lot de quelle importance il est, principalement aux personnes plus jeunes, de ne pas abandonner trop facilement ceux dont la compagnie était tout leur bonheur sans qu'ils y pensassent, et qui leur sont plus nécessaires qu'ils ne croient. Une séparation faite avec trop peu de circonspection a des suites qui se font sen-

tir dans toute la vie. Ainsi Lot se trouva plus tard em-
barrassé dans des périls, dont le délivra celui-là même
qu'il avait quitté, et qui, vainqueur du prince étranger
entre les mains duquel Lot était tombé avec tous ses
biens, rendit à son neveu la fortune avec la liberté,
enseignant aux hommes avec quel dévouement ils
doivent servir toutes les personnes de leur parenté.

Toute famille est une société dont les membres
peuvent être comparés à des rameaux partis d'une
même souche, et qui, pour leur intérêt, doivent contribuer à maintenir entre eux l'union nécessaire à la
conservation et au bonheur du tout dont ils font partie.

Les parents ou les proches sont des amis donnés
par la nature, qui nous rappellent une origine commune avec nous, qui peignent à notre esprit des ancêtres dont la mémoire doit nous inspirer de la tendresse et du respect, qui nous font sentir que notre
bien-être exige que nous demeurions unis avec des
êtres capable d'y contribuer, intéressés à notre
prospérité, disposés à prendre part à nos plaisirs et
à nos peines, à nous secourir dans l'adversité, et à
nous assister contre les coups de la fortune. Toutes
ces considérations suffisent pour nous faire connaître
ce que les membres d'une même famille se doivent
réciproquement.

Une famille bien unie annonce une bonne éducation, des âmes sensibles, honnêtes, généreuses et
dégagées d'un vil intérêt. Une famille divisée montre
des âmes intéressées, insociables, injustes et sans
pitié; une famille composée de gens de cette trempe ne
prévient nullement le public en sa faveur. Enfin, une

famille dont les membres sont perpétuellement en guerre, ne peut jouir des avantages de la parenté, elle est privée des secours mutuels que doivent se prêter des personnes que la nature avait pris soin d'attacher par les liens du même sang.

GIRAUD.

Heureux sont des parents, quand l'amour les accorde !

Aimez tous vos parents et rendez-leur service.

MOREL-VINDÉ.

LA GOUTTE D'EAU

Dans la crise d'une tourmente,
Qui bouleversait l'Océan,
Tout à coup enlevée à la vague écumante,
Parmi la foudre et l'ouragan,
Une goutte de l'onde amère
Rejaillit sur un roc voisin.
« D'ici je vais voir tout le train,
Dit-elle ; qu'il est doux de vivre solitaire !
« N'existons que pour nous, et respirons enfin ;
« Sans dépendre toujours de quelque flot mutin.
« Des éléments j'observerai la guerre,
« Et l'Océan aura beau faire
« Il ne m'aura plus dans son sein. »
Le dieu du jour alors s'échappe de la nue.
Et sur le roc voilà soudain
Ma raisonneuse disparue,
Mêlée avec les flots, elle suivait leur cours,
Des vents affrontant la furie,
Et dans les vastes mers eût roulé pour toujours ;
Seule un instant, elle est tarie.

DORAT.

Sujets à développer.

Respect pour les droits de parenté. — Oubli des liens du sang.

LEÇON **X**

—

DEVOIRS ENVERS LES MAITRES

—

LES ÉLÈVES RECONNAISSANTES.

Il n'est point rare de voir des jeunes gens remplis de savoir, et distingués par des talents de toute espèce ; mais ce n'est pas une chose commune que de rencontrer des élèves reconnaissants envers les maîtres qui ont dirigé leurs premiers pas vers les grands principes de l'instruction et de la morale.

Plus l'ingratitude est horrible, plus il importe de recueillir les traits précieux qui tendent à faire chérir la vertu sublime qui lui est opposée. L'histoire fait mention de la noble conduite du maréchal de Villars, qui fit présent d'une belle terre à l'abbé de Saint-Yvon, son précepteur. Cette générosité, cependant, n'a rien d'extraordinaire, quand on réfléchit qu'un homme opulent doit récompenser selon sa fortune des services qui sont vraiment au-dessus de toute récompense ; car un poète a dit avec raison :

> Qui peut payer le prix des talents et des mœurs ?

Le trait suivant mérite également d'être cité avec honneur ; on ne saurait refuser son admiration à la conduite vertueuse des jeunes personnes qui y figurent.

Dans les premières années de la Révolution qui commença en France en 1789, lorsque les religieux et les religieuses de tous les ordres furent expulsés de leurs monastères, on vit nombre de femmes infirmes et de vieillards respectables réduits à la mendicité. Ce qui aggravait surtout leur misère, c'est que toute pitié pour eux était alors presque éteinte dans les cœurs.

Parmi tant de victimes se trouvèrent trois religieuses qui vécurent cinq mois ensemble dans un grenier, n'ayant ni lit, ni feu, et nul autre aliment que cinq à six onces d'un pain détestable. L'état de détresse et d'abandon où végétaient ces infortunées, parvint heureusement à la connaissance d'une demoiselle, nommée Émilie, qu'elles avaient élevée dans leur couvent de Bon-Secours.

La sensible élève fut tout attendrie, en apprenant la situation misérable des dames pieuses qui avaient pris soin de son enfance. Mais, pour comble de douleur, le coup affreux qui frappa le clergé avait également foudroyé la noblesse, à laquelle ses parents appartenaient. Ceux-ci étaient émigrés, et elle ne subsistait que des bienfaits d'une vieille cousine, qui était loin d'être elle-même dans l'aisance. Il était donc peu vraisemblable que le sort des indigentes institutrices pût changer alors. Emilie en trouva cependant les moyens ; et l'on va voir qu'il ne faut pas toujours être riche pour faire du bien, et se montrer reconnaissant.

Le zèle, l'ordre. le bon cœur et l'industrie subviennent à tout, et tiennent quelquefois lieu de richesses.

La jeune personne se hâta d'abord de faire diverses quêtes qui lui produisirent une petite somme en assignats (1); mais pensant bien que cette ressource ne pourrait pas être durable, voici ce qu'elle tenta, et ce qu'elle exécuta avec la plus grande constance : elle alla demander de l'ouvrage à un parfumeur voisin, qui lui donna des gants à coudre, à raison de six sous la paire.

La besogne était longue, ingrate et vétilleuse. Afin d'y avancer davantage, Emilie se levait régulièrement dès quatre heures du matin, et cousait jusqu'à minuit. Quand elle avait ainsi gagné six francs, elle accourait aussitôt, embrassait avec émotion les pauvres religieuses, et leur donnait le prix de ses veilles, en leur cachant avec soin toutes les peines qu'il lui avait coûtées.

Il y avait déjà sept mois et demi que ce bel acte d'humanité et de reconnaissance se soutenait, lorsque la bonne Émilie découvrit l'adresse de deux jeunes dames qui avaient été pensionnaires dans le même couvent qu'elle, et avec lesquelles elle avait été liée d'amitié. Elle ne perd pas un instant : riche d'espérance et de joie, elle va revoir ses anciennes compagnes; elle leur fait la plus touchante peinture de l'état désastreux de leurs bonnes institutrices couchées sur un peu de paille, périssant de faim et de misère. Le succès de cette démarche est complet. Les trois élèves se jettent dans les bras l'une de l'autre, et versent des larmes d'attendrissement. Au milieu de cet épanchement délicieux, elles jurent de secourir leurs tendres

____

(1) L'assignat était un papier-monnaie, créé en 1789, dont on cessa de faire usage en 1796.

mères, car c'est ainsi qu'elles qualifiaient les solitaires respectables de qui elles avaient reçu le trésor de l'éducation et des mœurs.

L'honorable projet qui fut concerté par les sensibles élèves ne tarda pas à être réalisé. Les deux filles de bourgeois, qui jouissaient d'une honnête aisance, et qui pour lors étaient mariées, retranchèrent de leur toilette et prirent sur leurs plaisirs. L'une se chargea du pain, du vin et des autres aliments; l'autre fournit aux frais du linge, des vêtements, du loyer; et Émilie se constitua l'économe de ces nouveaux secours.

Ce double acte de gratitude et d'humanité, vraiment inspiré par de pieux sentiments, ne fut jamais interrompu, même au sein des dénonciations révolutionnaires. Il s'est continué longtemps après. En 1809, l'écrivain qui le rapporte disait qu'il durait encore, et regrettait de ne pouvoir, par égard pour la modestie des élèves reconnaissantes, livrer au public leurs noms si dignes d'être inscrits dans les annales de la vertu.

Questionnaire.

Quel avantage y a-t-il à recueillir les traits de reconnaissance ? — Comment Villars reconnut-il les soins de son précepteur ? — Comment peut-on apprécier les bienfaits de l'éducation ? — Au commencement de la révolution française de 1789, quel fut le sort des religieux et des religieuses qui habitaient des monastères ? — Quelles personnes cite-t-on en particulier dans l'anecdote ? — Qui s'intéressa à leur infortune ? — Dans quelle position se trouvait elle-même la jeune Émilie ? — Que nous enseigne sa généreuse conduite ? — Qu'est-ce qui tient quelquefois lieu de richesses ? — Que fit la jeune personne pour avoir de l'argent ? — Quel temps consacrait-elle à son travail ? — Que faisait-elle quand elle avait gagné

six francs? — Qu'est-ce qui relève le mérite de cette conduite? —
Quel heureux événement lui procura de nouvelles ressources? —
Comment les jeunes dames secondèrent-elles leur amie?

Racontez l'anecdote. — Dites ce que vous en pensez.

INSTRUCTION.

Tous les pères, toutes les mères ne peuvent élever
et instruire leurs enfants, soit parce qu'eux-mêmes
n'ont pas acquis les connaissances nécessaires, ou
bien ont oublié une partie de ce qu'ils avaient appris,
soit parce que leurs affaires prennent tout leur temps.
C'est pour cette raison qu'ils se reposent de ce soin
sur des instituteurs et des institutrices.

Ceux-ci tiennent donc auprès des élèves la place des
parents. Dépositaires de leur autorité pour diriger,
enseigner, récompenser et punir, ils ont droit de demander aux enfants qui leur sont confiés, les mêmes
sentiments que ces derniers manifestent dans leurs
familles.

Les enfants ne sauraient s'y refuser, s'ils considèrent
ce que font en leur faveur les maîtres dont ils reçoivent amitié, protection, lumières.

Peut-on douter de la tendresse de ces maîtres pour
leurs élèves, quand on les voit rechercher sans cesse
les moyens de rendre les enfants meilleurs et plus instruits; les méthodes les plus ingénieuses pour retirer
à l'étude ses difficultés et ses lenteurs; se réjouir,
comme d'une bonne fortune, aussitôt que leurs chers
disciples obtiennent des succès, s'affliger de ce qu'ils
ne font pas de progrès dans les sciences ou dans
l'art de se bien conduire. Des parents chérissent
leurs enfants, parce que ceux-ci leur appartiennent;

c'est la nature qui remplit leur cœur de cet amour
et l'y entretient. Ils ont en récompense les caresses
de ceux qui leur doivent la vie, et cette affection
filiale qui rapproche l'enfant des êtres dont il a reçu le
jour. Mais un maître n'obtient qu'avec peine un peu
d'amitié; il faut du temps pour que ses écoliers com-
prennent ses bonnes intentions. Ceux-ci mêmes dans
les premiers moments semblent plus disposés à le fuir
qu'à s'attacher à lui. Cependant son zèle ne se refroi-
dit pas, et, quels que soient leurs sentiments, il veille
avec la même sollicitude sur ceux qu'on lui a confiés.

Dans la petite société que forment des enfants réu-
nis, quel est le protecteur de tous contre des étrangers malveillants? des enfants les plus faibles contre
les camarades disposés à abuser de leurs forces? *C'est
le maître.* Qui est-ce qui garantit de tout accident les
étourdis et les imprudents? *C'est le maître encore.* Ses
avertissements, ses conseils, sa sévérité même, n'ont
d'autre but que le bien-être de ses élèves. Pour les
préserver de tout malheur, rien ne lui coûte. Son repos, son sommeil, son temps, sa santé quelquefois, il
les leur sacrifie.

Cependant la surveillance n'est qu'une faible partie
de ses travaux; l'enseignement est son objet principal.
Depuis le commencement de la journée jusqu'à la fin,
il poursuit sa tâche pénible. Les enfants se plaignent
quelquefois de leur fatigue durant l'étude; que di-
raient-ils s'ils pouvaient ressentir celle du maître,
qui ne cesse de parler, de répéter les mêmes leçons,
dont l'esprit est toujours fixé sur une même chose,
l'activité toujours en mouvement? Mais lui, il ne se
plaint pas, s'il voit ceux qui l'écoutent profiter de

ses instructions, leur intelligence se développer et leur raison mûrir. Grâce à lui, des connaissances variées s'offrent successivement à leur esprit; les difficultés des premières études disparaissent peu à peu : bientôt le désir d'apprendre captive ceux qui redoutaient les livres; l'ignorance se dissipe; et les jeunes élèves, à mesure qu'ils savent davantage, éprouvent de plus en plus le besoin de savoir. C'est ainsi qu'ils se forment par degrés à une vie laborieuse et utile, en apprenant à se rendre heureux par eux-mêmes; car le travail, c'est le bonheur.

Si ce qui vient d'être dit peut convaincre des enfants, qu'après leurs parents ils ne sauraient trouver personne qui leur portât autant d'intérêt qu'un maître, se refuseront-ils à tenir à son égard la conduite qu'il a droit d'en attendre?

Comblés par lui de soins et de bontés, ils lui offriront en retour leur reconnaissance; à son affection ils répondront par leur attachement. Pleins de respect, ils accueilleront avec déférence ses observations et même ses châtiments; ils s'abstiendront de faire en eux-mêmes toute réflexion mauvaise, et de vive voix aucune réponse malveillante. Ils se laisseront conduire avec confiance, viendront avec confiance s'éclairer auprès de lui sur tout ce qui dépassera la portée de leur intelligence, persuadés que leur maître dans ses paroles et dans ses actions n'a qu'un mobile, l'intérêt de ses élèves. Leur attention aux exercices ne sera pas seulement motivée par la crainte d'une punition ou par le désir de s'instruire; ils seront attentifs, afin de plaire à celui qui enseigne, et de lui prouver le prix qu'ils mettent à ses peines. Appliqués à leurs devoirs, ils les feront avec zèle, parce qu'ils sauront non-seulement qu'on ne réussit que par son propre travail, mais aussi parce que leurs succès payeront à leur instituteur sa plus douce récompense. En toute occasion, leur docilité se montrera respectueuse envers la volonté de leurs parents qui les a soumis à une personne de leur choix ; ils honoreront dans celle-ci les connaissances et le caractère par lesquels elle a mérité cette distinction.

Questionnaire.

Qu'est-ce qui empêche les parents d'élever et d'instruire leurs enfants ? — Quelles sont les personnes qui les remplacent dans ce cas ? — Dans quelle position celles-ci sont-elles à l'égard des enfants ? — Quelle autorité leur donnent les parents ? — Quels sentiments les enfants doivent-ils avoir pour leurs maîtres ? — Qu'est-ce que les enfants en reçoivent ? — Quelle est la preuve de l'amitié d'un maître pour ses élèves ? — Qu'est-ce qui explique l'amour des parents pour leurs enfants ? — Comment les enfants répondent-ils à cet amour ? — Reconnaissent-ils de même la tendresse de leurs maîtres ? — Les maîtres en sont-ils moins bienveillants ? — Qui protége les enfants contre des étrangers malveillants, ou contre des camarades plus forts ? — Qui les garantit de tout accident ? — Quels moyens emploie le maître pour les préserver ? — Quels sacrifices leur fait-il ? — Quel est l'objet principal de ses travaux ? — Comment s'en occupe-t-il ? — La fatigue des élèves est-elle égale à celle du maître ?—Se plaint-il de sa vie active ?—Quels sont les avantages qu'il procure à ses élèves ? — Pour ses bontés et ses soins, qu'offriront les élèves à leur maître ? — Comment répondront-ils à son affection ? — Comment prouveront-ils leur attachement ? — Leur respect ? — Leur confiance ? — Leur attention ? — Leur zèle ? — Leur docilité ?

CITATIONS.

Voici ce qu'il faut surtout enseigner aux jeunes gens : c'est qu'ils doivent aimer leurs maîtres non moins que leurs études, et penser que ces maîtres leur ont donné la vie, non du corps, mais de l'âme. Ces pieux sentiments contribueront beaucoup à leur succès. Ainsi ils accueilleront les leçons avec plaisir, les préceptes avec confiance, prendront leurs maitres pour modèles, accourront aux écoles avec empressement et gaieté. Une réprimande ne les irritera pas : un éloge les remplira de joie; ils travailleront à mériter plus d'affection. Si le devoir des maîtres est d'instruire, celui des élèves est de se montrer dociles; les premiers sans le concours des seconds ne sauraient réussir.

QUINTILIEN.

Alexandre le Grand avait eu pour maître le célèbre Aristote. Après la mort de ce philosophe, on lui demanda pourquoi il le regrettait si vivement. « Mon père, répondit-il, m'a donné la vie, Aristote m'avait appris à en user. »

Les affections et l'instruction sont des choses précieuses au-dessus de tous les trésors de ce monde. Elles ne s'achètent pas, elles ne se payent pas avec de l'or et de l'argent; il n'y a que l'affection et la reconnaissance qui les puissent payer. L'argent remis au maître lui est l'équivalent de son temps, qu'il ne peut employer à aucune industrie qui le fasse vivre, puisqu'il le consacre à ses élèves; mais il ne lui est pas donné comme un équivalent de sa science et de ses soins, qui ne peuvent en trouver que dans le plaisir que lui donnent les progrès de ses élèves, et leur affection filiale. Celui qui instruit un enfant prend une partie des obligations du père, en même temps qu'une partie de sa tendresse, et il doit trouver dans l'écolier, non-seulement la docilité, mais en grande partie toute l'affection et toute la reconnaissance d'un fils.

Miss Edgeworth.

La fermeté de Fénelon envers le duc de Bourgogne mérite d'être citée. Elle apprend aux enfants, par l'exemple d'un jeune prince, combien on doit prendre garde d'offenser ses maîtres, et combien on doit témoigner de repentir quand on a eu ce malheur. Ce prélat s'étant vu forcé de parler à son élève, le duc de Bourgogne, avec une autorité et même avec une sévérité qu'exigeait la nature de la faute dont il s'était rendu coupable, le jeune prince se permit de lui répondre : « Non, monsieur, non, je sais qui je suis et » qui vous êtes. » Fénelon ne répondit pas un seul mot; mais, le lendemain, à peine le jeune prince fut-il éveillé, que Fénelon entra chez lui. « Je ne sais, » monsieur, dit-il, si vous vous rappelez ce que vous » avez dit hier, *que vous savez ce que vous êtes et ce que* » *je suis*? Il est de mon devoir de vous apprendre que » vous ignorez l'un et l'autre. Vous vous imaginez » donc, monsieur, être plus que moi ; quelques valets, » sans doute, vous l'auront dit ; et moi, je ne crains » pas de vous dire, puisque vous m'y forcez, que je » suis plus que vous. Vous comprenez assez qu'il n'est » pas question ici de la naissance ; vous regarderiez » comme un insensé celui qui prétendrait se faire un » mérite de ce que la pluie du ciel a fertilisé sa mois- » son sans arroser celle de son voisin. Vous ne seriez » pas plus sage, si vous tiriez vanité de votre naissance, » qui n'ajoute rien à votre mérite personnel. Vous ne

» sauriez douter que je suis au-dessus de vous par les
» lumières et les connaissances. Vous ne savez que
» ce que je vous ai appris, et ce que je vous ai ap-
» pris n'est rien, comparé à ce qu'il me reste à vous ap-
» prendre. Quant à l'autorité, vous n'en avez aucune sur
» moi, et je l'ai moi-même, au contraire, pleine et en-
» tière sur vous. Le roi et monseigneur votre père vous
» l'ont dit assez souvent. Vous croyez peut-être que je
» m'estime fort heureux d'être pourvu de l'emploi que
» j'exerce auprès de vous? Désabusez-vous encore,
» monsieur; je ne m'en suis chargé que pour obéir
» au roi, et nullement pour le pénible avantage d'être
» votre précepteur; et afin que vous n'en doutiez pas,
» je vais vous conduire chez sa majesté pour la sup-
» plier de vous en nommer un autre, dont je souhaite
» que les soins soient plus heureux que les miens. »

Le duc de Bourgogne, que la conduite sèche et froide
de son précepteur, depuis la scène de la veille, et les
réflexions d'une nuit entière passée dans les regrets
et dans l'anxiété, avaient accablé de douleur, fut attéré
par cette déclaration. Il chérissait Fénelon avec toute
la tendresse d'un fils, et d'ailleurs son amour-propre
et un sentiment délicat sur l'opinion publique lui
faisaient déjà pressentir tout ce qu'on penserait de lui,
si un instituteur du mérite de Fénelon se voyait forcé
de renoncer à son éducation. Les larmes, les sou-
pirs, la crainte, la honte, lui permirent à peine de
prononcer ces paroles entrecoupées à chaque instant
par des sanglots : « Ah! monsieur, je suis désespéré
» de ce qui s'est passé hier; si vous en parlez au roi,
» vous me ferez perdre son amitié... Si vous m'aban-
» donnez, que pensera-t-on de moi? Je vous promets...

» je vous promets que vous serez content de moi...
» Mais promettez-moi... »

Fénelon ne voulut rien promettre; il le laissa un jour entier dans l'inquiétude et dans l'incertitude. Ce ne fut que lorsqu'il eut lieu d'être bien convaincu de la sincérité de son repentir, qu'il céda à ses nouvelles supplications.

BAUSSET.

Aimez et respectez tous ces maîtres si bons,
Qui veulent bien sans cesse instruire votre enfance.

Tous vos maîtres, pour prix des leçons qu'il vous donnent,
Ne demandent de vous que bonne volonté.
Pour faire des progrès, faites ce qu'ils ordonnent,
Avec attention, zèle et docilité.

MOREL-VINDÉ.

Sujets à développer.

Sentiment de son infériorité   Aversion de l'autorité.
chez la jeunesse.

LEÇON XI.

—

DEVOIRS ENVERS TOUS LES HOMMES

—

BIENFAITS D'OBERLIN ET DE LOUISE SCHEPPLER.

Dans la partie la plus âpre de la chaîne des Vosges, un vallon presque séparé du monde nourrissait chétivement une population restée à demi-sauvage; quatre-vingts familles, réparties dans cinq villages, en composaient la totalité; leur misère et leur ignorance

6.

étaient également profondes; elles n'entendaient ni l'allemand ni le français; un patois inintelligible pour toute autre qu'elles faisait leur seul langage, et ni leur pauvreté, ni leur ignorance, n'avaient adouci leurs mœurs; ces paysans se gouvernaient par le droit du plus fort; des haines héréditaires divisaient les familles; et plus d'une fois il en était né des violences coupables.

Un pieux pasteur, Jean-Frédéric Oberlin, entreprit de les civiliser : et pour cet effet, en habile connaisseur des hommes, il s'attaqua d'abord à leur misère; de ses propres mains il leur donna l'exemple de tous les travaux utiles; armé lui-même d'une pioche, il les guida dans la construction d'une route; béchant, labourant avec eux, il leur enseigna la culture de la pomme de terre; il leur fit connaître les bons légumes, les beaux fruits; il leur montra à greffer; il leur donna de bonnes races de bestiaux et de volailles. Leur agriculture une fois perfectionnée, il introduisit différentes industries pour occuper les bras superflus; il leur créa une caisse d'épargne, et les mit en rapport avec des maisons de commerce des villes voisines. Leur confiance croissant avec leur bien-être, des leçons d'un ordre plus élevé se mêlèrent par degrés à celle-là. Dès l'origine il s'était fait leur maître d'école, en attendant qu'il en eût formé pour le seconder. Une fois qu'ils aimèrent à lire, tout devint facile; des ouvrages choisis venant à l'appui des discours et des exemples du pasteur, les sentiments religieux, et avec eux la bienveillance mutuelle, s'insinuèrent dans les cœurs; les querelles, les délits, les procès même disparurent; ou, s'il naissait quelque contestation, d'un commun accord

on venait prier Oberlin d'y mettre un terme ; en un
mot, lorsqu'il fut près de sa fin, cet homme vénérable
put se dire que, dans ce canton autrefois pauvre et dé-
peuplé, il laissait trois cents familles réglées dans leurs
mœurs, pieuses et éclairées dans leurs sentiments,
jouissant d'une aisance remarquable, et pourvues de
tous les moyens de la perpétuer.

Une jeune paysanne de l'un de ces villages, Louise
Scheppler, à peine âgée de quinze ans, fut si vivement
frappée des vertus de cet homme de Dieu, que, bien
qu'elle jouit d'un petit patrimoine, elle lui demanda
d'entrer à son service, et de prendre part aux œuvres
de charité. Dès lors, sans jamais accepter de salaire,
elle ne le quitta plus. Devenue son aide, son messager,
l'ange de toutes ces cabanes, elle y porta sans cesse
tous les genres de consolation. Dans aucune circonstance on n'a mieux vu à quel point le sentiment peut
exalter l'intelligence. Cette simple villageoise avait
compris son maitre et tout ce que ses pensées avaient
de plus élevé ; souvent même elle l'étonnait par des
idées heureuses auxquelles il n'avait point songé, et
qu'il s'empressait de faire entrer dans l'ensemble de
ses opérations. C'est ainsi que, remarquant la diffi-
culté que les cultivateurs éprouvaient à se livrer à la
fois à leurs travaux champêtres et au soin de veiller
sur leurs petits enfants, elle imagina de rassembler
ces enfants, dès le bas-âge, dans des salles spacieuses,
où, pendant que les parents vaquaient à leur ouvrage,
des conductrices intelligentes les gardaient, les amu-
saient, et commençaient à leur montrer les lettres et à
les exercer à de petits travaux. C'est de là qu'est
venue en Angleterre et en France l'institution de ces

sailes d'asile où l'on reçoit et où l'on garde les enfants des ouvriers, si souvent abandonnés dans les villes au vice et aux accidents. L'honneur d'une idée qui a déjà tant fructifié, et qui bientôt sera adoptée partout, est entièrement dû à Louise Scheppler, à cette pauvre paysanne du Ban de la Roche, village du département du Bas-Rhin. Elle y a consacré le peu qu'elle possédait, et de plus sa jeunesse et sa santé. Quoique avancée en âge, elle réunissait encore autour d'elle, en 1829, sans rétribution, une centaine d'enfants de trois à sept ans, et leur donnait une instruction appropriée à leur âge. Les adultes, grâce à Oberlin, n'avaient plus de besoins moraux ; mais quelques-uns encore, dans la vieillesse et la maladie, éprouvaient des besoins physiques. Louise Scheppler y pourvoyait : des bouillons, des remèdes, elle trouvait moyen de tout distribuer. Leurs besoins pécuniaires mêmes n'étaient pas publiées ; elle a fondé et elle a administré un Mont-de-Piété d'une espèce toute particulière, et qui serait bien aussi une invention admirable, s'il était possible de le multiplier comme les salles d'asile ; car il est du très-petit nombre de ceux qui n'usurpent pas leur nom : on y prête sans intérêt et sans gages.

Lorsque Oberlin mourut, il légua par son testament Louise Scheppler à ses enfants. Voici quelques lignes de cet acte de dernière volonté ; ces simples paroles d'un maître mourant sont plus éloquentes que tout ce que l'on pourrait ajouter :

« Mes chers enfants, dit-il, je vous lègue ma fidèle » garde, celle qui vous a élevés, l'infatigable Louise ; » elle a été pour vous garde soigneuse, mère fidèle, » institutrice, tout absolument ; son zèle s'est étendu

» plus loin : véritable apôtre du Seigneur, elle est allée
» dans tous les villages où je l'envoyais assembler les
» enfants autour d'elle, les instruire de la volonté de
» Dieu, leur apprendre à chanter de beaux cantiques,
» leur montrer les œuvres de ce Dieu paternel et tout-
» puissant dans la nature, prier avec eux, et leur com-
» muniquer toutes les instructions qu'elle avait reçues
» de moi et de votre excellente mère. Les difficultés
» innombrables qu'elle rencontrait dans ces saintes oc-
» cupations, en auraient découragé mille autres : le
» caractère revêche des enfants, leur langage patois,
» les mauvais chemins, les rudes saisons; pierres,
» eaux, pluies abondantes, vents glacés, grêles, neiges
» profondes, rien ne la retenait. Elle a sacrifié son
» temps et sa personne au service de Dieu. — Jugez,
» mes chers enfants, de la dette que vous avez con-
» tractée envers elle en moi ! — Encore une fois, je
» vous la lègue ; vous ferez voir, par les soins que vous
» prendrez pour elle, si vous avez du respect pour la
» dernière volonté d'un père. Mais oui, vous remplirez
» mes vœux ; vous serez pour elle, à votre tour, tous
» ensemble, et chacun de vous en particulier, ce qu'elle
» fut pour vous. »

Messieurs et mesdemoiselles Oberlin, fidèles au vœu
de leur père, voulurent donner à Louise Scheppler une
part d'enfant; mais rien ne put déterminer cette fille
généreuse à réduire le patrimoine déjà si modique laissé
par son maître; elle demanda seulement la permission
d'ajouter le nom d'*Oberlin* au sien, et ceux à qui appartient
le droit de porter ce nom honorable, ont cru l'honorer
encore en le partageant ainsi.

GEORGES CUVIER.

Questionnaire.

Quel fut le théâtre des vertus charitables d'Oberlin et de Louise Scheppler? — Quels étaient les habitants? — Dans quel état vivaient-ils? — Comment Oberlin s'y prit-il pour les réformer? — Que fit-il ensuite? — Quels furent les effets de sa conduite si sage et si généreuse? — Quelle fut la récompense d'Oberlin? — Qui s'était associé à ses bonnes œuvres? — Comment se conduisit Louise Scheppler auprès de lui? — Que fit-elle en faveur des cultivateurs embarrassés du soin de leur famille? — Quel a été le fruit de son exemple? — Quels soins donnait Louise Scheppler aux adultes? — Que fit Oberlin en mourant, pour reconnaître la pieuse assistance de Louise Scheppler? — Comment les enfants d'Oberlin obéirent-ils au vœu de leur père? — Que répondit Louise à leur proposition?

Racontez l'anecdote. — Dites ce que vous en pensez.

INSTRUCTION.

Les enfants qui n'ont pas encore pris place dans la société, ne sont pas pour cela exempts de devoirs envers elle. Ils savent que les hommes sont frères, et qu'une bienveillance mutuelle doit les unir. Se montrer affectueux à l'égard de tout le monde, ne faire à personne ce que soi-même on ne voudrait pas souffrir; telle est l'obligation qu'ils partagent avec les autres habitants de la terre. Mais en outre il leur faut tenir en certains cas une conduite particulière, déterminée par l'âge, le sexe, le rang de ceux avec lesquels ils vivent ou se trouvent accidentellement.

L'âge des personnes dont ils sont entourés ou dont le hasard les rapproche exige qu'ils aient avec chacune des manières différentes. Compter beaucoup d'années, c'est avec l'avantage de l'expérience et des lumières avoir le droit de demander à l'enfance, à la jeunesse, *soumission, déférence, respect.* Dans ce cas se trouvent

les parents et les maîtres dont nous avons parlé, puis
les vieillards. Ces derniers forment la partie la plus
auguste de l'espèce humaine. Quelle que soit leur position sociale, à la vue de leurs cheveux blancs, de leurs
fronts sillonnés par le temps et la souffrance, on sent
pour eux une vénération profonde. Les enfants doivent
produire au dehors ce pieux sentiment.

Avec leurs égaux ils pratiqueront les vertus indis-
pensables un jour dans la société des hommes, telles
que la *bonté*, l'*indulgence*, l'*empressement à rendre service*, l'*attention à ne causer ni mal ni chagrin*, le *pardon
des offenses*, le *désintéressement*, la *fidélité à sa parole*,
l'*amitié*. Auprès des plus faibles ils seront *prévenants*
et *protecteurs*, jamais *arrogants* ni *brusques ;* dans la
compagnie des plus forts ils s'interdiront toute taqui-
nerie, et, sensibles à leurs complaisances, se garderont
d'en abuser. Les garçons auront pour les jeunes filles
des prévenances et une sorte de respect que n'oublient
jamais les bons cœurs envers un sexe auquel ils doivent leurs sœurs et leurs mères. Ce respect les accom-
pagnera dans leurs jeux, retiendra leur langue, réprimera leur vivacité, les habituera à une tenue décente.

Quant aux filles, elles seront toujours plus heureuses, en vivant les unes avec les autres ; mais si à
leurs amusements viennent prendre part de petits
compagnons qu'elles n'auront pas appelés, elles ob-
tiendront plus d'égards, en ne cessant jamais d'être
bonnes, patientes, modestes : leur réserve imposera
aux caractères turbulents, leur douceur arrêtera l'im-
pétuosité de ceux que leur étourderie égare quelquefois.

La vertu, le savoir, les fonctions, la fortune établissent des distinctions qui motivent les concessions auxquelles les gens bien élevés souscrivent volontiers; les enfants, une fois avertis de ce qu'ils ont à faire à ce sujet, s'y conformeront d'autant plus facilement que leur naturel sera meilleur.

Heureux celui qui connaît de bonne heure le prix de la science, et se réjouit de voir et d'entendre des personnes éclairées! Son silence lui permet de recueillir leurs moindres paroles et d'y puiser des enseignements que ses livres ne lui offriraient pas. Ses rares questions, toujours mesurées et jamais indiscrètes, obtiennent des réponses bienveillantes et utiles. On s'intéresse à lui, on encourage ses efforts, on facilite ses études, et quelquefois, démêlant ses heureuses dispositions, on lui prépare un brillant avenir.

Chacun peut espérer dans le monde la place que lui assignent son industrie et ses travaux. Enfants, songez qu'un jour vous obtiendrez cet avantage; respectez dès à présent les droits que d'autres ont conquis avant vous; soyez persuadés que chaque profession, humble ou élevée, a son genre d'utilité, et qu'il n'appartient à personne d'en dédaigner aucune. Le *cultivateur*, par son labeur pénible, assure la subsistance de tous; nos habitations, nos vêtements sont dus à *l'ouvrier; l'artiste* pourvoit aux besoins de l'intelligence et prépare d'agréables délassements; le *commerçant* réunit et distribue les objets nécessaires à la vie; le *savant* travaille à perfectionner l'industrie et les mœurs; le *soldat* défend l'ordre au dedans et la patrie au dehors; le *magistrat* maintient les droits individuels et ceux de la justice générale; le *prêtre* rappelle sans cesse à l'homme son origine céleste, le guide dans cette vie, et lui fait goûter à l'avance les délices d'une existence meilleure ; le *chef de l'État* domine la société pour en régler toutes les parties, y maintenir l'accord et en assurer le bonheur terrestre. Que les uns et les autres reçoivent donc leurt part des hommages publics, et que l'enfant s'habitue à honorer le mérite et les services rendus à l'humanité!

Issu d'une famille riche, celui qui vivra dans l'aisance évitera d'offenser les autres par son égoïsme, par un langage orgueilleux, par l'étalage insolent des objets précieux remis en ses mains; il s'attirerait la haine et l'envie dont le préserveront seulement l'*aménité du caractère*, l'*empressement à partager* ses jouissances, le *zèle* à soulager le pauvre. C'est pour lui que la *charité* est un devoir impérieux.

Celui dont les parents vivent de leur travail, n'oubliera pas le besoin qu'il peut avoir des autres. Son *obligeance,* sa *politesse,* disposeront tous les cœurs à son égard. Il songera qu'on ne gagne rien par la *rudesse* ni la *grossièreté;* mais aussi sa *complaisance* aura des bornes; jamais pour aucun motif il ne se permettra une *lâcheté,* une action basse ou malhonnête : mieux vaut ne pas trouver d'appui, que d'en acheter un au prix de sa conscience.

Enfin, tous les enfants avides de l'estime et de l'amour des hommes comme des bénédictions de Dieu, auront sans cesse devant les yeux ce principe :

Le monde n'est qu'une grande famille, dont les membres ont à remplir, suivant leurs facultés, des devoirs qui profitent d'autant plus à chacun en particulier, qu'ils contribuent davantage au bien-être général.

Questionnaire.

Dans quelle position sont les enfants à l'égard de la société? — Que doivent-ils savoir? — Quelle est l'obligation commune à tous? — Qu'est-ce qui détermine la conduite particulière des enfants? — Que doivent les enfants aux personnes plus âgées? — Et aux vieillards? — Quelles vertus pratiqueront-ils avec leurs égaux? — Comment seront-ils auprès des plus faibles? — Quels défauts éviteront-ils? — Comment agiront-ils envers les plus forts? — Comment les garçons se conduiront-ils dans la société des jeunes filles? — Quelle réserve celles-ci devront-elles observer? — Qu'est-ce qui établit des distinctions parmi les hommes? — A quoi ces distinctions donnent-elles lieu? — Comment un enfant doit-il se comporter dans la compagnie des personnes instruites? — Quelles suites peut avoir cette conduite? — De quoi dépend la place de chacun dans le monde? — A ce sujet, de quelle vérité doit-on être persuadé? — Que fait le cultivateur? — L'ouvrier? — L'artiste? — Le commerçant? — Le savant? — Le soldat? — Le magistrat? — Le prêtre? — Le chef de l'État? — A quelle juste récompense peuvent-ils prétendre? — Quelle habitude doit prendre l'enfant? — Que doit éviter un enfant né de parents riches? — Quelles vertus lui sont particulièrement nécessaires? — Que fera celui dont les parents vivent de leur travail? — Que ne se permettra-t-il jamais? — Quelle sera sa maxime? — Quel est le principe général que tous les enfants doivent avoir sous les yeux?

CITATIONS.

Je suis homme, et nul homme ne doit m'être étranger.

TÉRENCE.

Mon fils, trouvez-vous dans l'assemblée des vieillards, et unissez-vous de cœur à leur sagesse, afin que vous puissiez écouter tout ce qu'ils vous diront de Dieu, et que vous ne laissiez perdre aucune de leurs excellentes paroles.

Ne louez point un homme pour sa bonne mine, et ne le méprisez point parce que son extérieur n'a rien qui le relève. L'abeille est petite entre tous les insectes vivants; néanmoins son produit l'emporte sur tout ce qu'il y a de plus doux.

BIBLE.

En Égypte, on avait pour les vieillards le respect le plus profond. Les jeunes gens étaient obligés de se lever devant eux, et de leur céder partout la place d'honneur.

FILASSIER.

Il faut faire du bien à ses amis et à ses ennemis, afin de conserver les uns, et de gagner les autres, s'il est possible.

CLÉOBULE.

Estimer les personnes par les biens, dignités, honneurs, et mépriser ceux qui n'en ont point, c'est juger d'un cheval par la selle et la bride.

CHARRON.

Ce que les corps bruts, les plantes, les animaux sans raison, et soumis dès-lors à la nécessité, font aveuglément et par une impulsion fatale et irrésistible, l'homme doit le faire librement : il doit, en se subordonnant au tout dont il est membre, aimer ses frères comme il s'aime lui-même, vouloir leur bien comme il veut son bien, se réjouir de leurs joies, s'affliger de leurs peines, les aider, les servir, s'identifier à eux, se dévouer pour eux, et travailler ainsi par une union sans cesse croissante et des individus et des peuples, à consommer l'unité sainte du genre humain.

Est-ce que celui qui s'est simplement abstenu du mal, qui n'a fait aucun tort, aucun bien non plus, est quitte envers lui et parfait devant Dieu? En déposant au fond de notre cœur le germe de l'amour et de la pitié, de tous les sentiments sympathiques, le Père

Céleste ne nous a-t-il pas recommandé d'autres vertus et plus élevées et plus fécondes?

Voyez cette pauvre créature humaine, gisante au coin de la rue dans la défaillance du besoin et qu'un accident vient d'atteindre. Un homme la regarde, la plaint et passe. « Suis-je cause, se dit-il, qu'elle soit en » cet état, et qui m'a chargé d'elle? C'est bien assez » d'avoir à songer à soi. » Un autre la regarde aussi, et son âme s'émeut. Il s'approche, la prend dans ses bras, la porte en **sa maison**, la couche sur son lit, et la veille et la soigne comme le frère soigne son frère, et l'**ami** son ami.

De ces deux hommes, lequel a vraiment accompli son devoir?

Toujours il y aura des maux sur la terre, et ces maux devront être soulagés.

—

Ne pas faire à autrui ce que nous ne voudrions pas qu'autrui nous fît : voilà la justice.

Faire pour autrui, en toute rencontre, ce **que nous** voudrions qu'il fît pour nous : voilà la charité.

Un homme vivait de son labeur, lui, sa femme et ses petits enfants; et comme il avait une bonne santé, des bras robustes, et qu'il trouvait aisément à s'employer, il pouvait sans trop de peine pourvoir à sa subsistance et à celle des siens.

Mais il arriva qu'une grande gêne étant survenue dans le pays, le travail y fut moins demandé, parce qu'il n'offrait plus de bénéfices à ceux qui le payaient; et en même temps le **prix** des choses nécessaires à la vie augmenta.

L'homme de labeur et sa famille commencèrent donc

à souffrir beaucoup. Après avoir bientôt épuisé ses modiques épargnes, il lui fallut vendre pièce à pièce ses meubles d'abord, puis quelques-uns même de ses vêtements; et quand il se fut ainsi dépouillé, il demeura privé de toutes ressources, face à face avec la faim. Et la faim n'était pas entrée seule en son logis : la maladie y était aussi entrée avec elle.

Or, cet homme avait deux voisins, l'un plus riche, l'autre moins.

Il s'en alla trouver le premier, et il lui dit : « Nous » manquons de tout, moi, ma femme et mes enfants; » ayez pitié de nous. »

Le riche lui répondit : « Que puis-je à cela? Quand » vous avez travaillé pour moi, vous ai-je retenu votre » salaire, ou en ai-je différé le payement? Jamais je » ne fis aucun tort ni à vous ni à nul autre; mes mains » sont pures de toute iniquité. Votre misère m'afflige; » mais chacun doit songer à soi dans ces temps mau- » vais : qui sait combien ils dureront? »

Le pauvre père se tut, et, le cœur plein d'angoisse, il s'en retournait lentement chez lui, lorsqu'il rencontra l'autre voisin moins riche.

Celui-ci, le voyant pensif et triste, lui dit : « Qu'a- » vez-vous? Il y a des soucis sur votre front et des » larmes dans vos yeux. »

Et le père, d'une voix altérée, lui exposa son infortune.

Quand il eut achevé : « Pourquoi, lui dit l'autre, » vous désoler de la sorte? Ne sommes-nous pas » frères? Et comment pourrais-je délaisser mon frère » en sa détresse? Venez, et nous partagerons ce que je » tiens de la bonté de Dieu. »

7.

La famille qui souffrait fut ainsi soulagée jusqu'à ce qu'elle pût elle-même pourvoir à ses besoins.

Plusieurs années se passèrent, après lesquelles les deux riches comparurent devant le juge souverain des actions humaines.

Et le juge dit au premier : « Mon œil t'a suivi sur la
» terre : tu t'es abstenu de nuire à autrui, de violer
» son droit ; tu as accompli rigoureusement la loi
» stricte de la justice, mais en l'accomplissant, tu n'as
» vécu que pour toi ; ton âme sèche et dure n'a point
» compris la loi de l'amour. Et maintenant, dans ce
» monde nouveau, où tu entres pauvre et nu, il te
» sera fait comme tu as fait aux autres. Tu as réservé
» pour toi seul les biens qui t'avaient été départis ;
» tu n'en as rien donné à tes frères ; il ne te sera rien
» donné non plus. Tu n'as songé qu'à toi, tu n'as aimé
» que toi ; va, et vis de toi-même. »

Et, se tournant vers le second, le juge lui dit :
« Parce que tu n'as point été seulement juste, et que
» la charité pénétra dans ton cœur ; parce que ta main
» s'ouvrit pour répandre sur tes frères moins heureux
» les biens dont tu étais dépositaire, et qu'elle es-
» suya les larmes de ceux qui pleuraient, de plus
» grands biens te seront donnés. Va, et reçois la ré-
» compense de celui qui a pleinement accompli le de-
» voir, la loi de justice et la loi d'amour. »

LAMENNAIS.

Je n'ai jamais regardé le pauvre qui était assis à ma porte, sans penser que je voyais en lui un frère.

Le général, commandant l'Ecole polytechnique, reçut un jour d'un ancien élève qui désirait garder l'anonyme, la lettre suivante :

« Mon général, il y a une quarantaine d'années, quand j'étais à l'Ecole polytechnique, l'existence de ma famille fut troublée par des revers de fortune à tel point que, malgré des merveilles d'ordre et d'économie, ma mère (mémoire chérie et vénérée) se vit une fois, en face d'un trimestre échu de ma pension, sans ressources et sans crédit. Il fallait payer ou sortir.

» Un seul de mes camarades reçut la confidence de mon embarras, et, par ses soins, sortit immédiatement de la bourse de tous la somme de 250 fr. nécessaire à un frère inconnu ; ce secours me sauva. Le trimestre fut payé ; ma mère put payer tous les autres, et je poursuivis mes études avec deux souvenirs qui ne devaient pas s'effacer, celui du bienfait, celui de la dette.

» Aujourd'hui j'ai touché le terme de ma carrière. Avant d'arriver au terme de ma vie, qui seul limitera ma reconnaissance envers mes contemporains, je tiens à m'acquitter matériellement envers cette confrérie polytechnique au sein de laquelle durent et se propagent, de génération en génération, de si nobles sentiments et de si généreuses pratiques. Dans ce but, je vous envoie deux mille francs ; je vous prie de les employer comme vous l'entendrez, à aider qui vous voudrez de nos jeunes camarades embarrassés comme je le fus, et qui resteront inconnus pour moi, comme je le serai pour eux.

» Recevez, mon cher général, l'assurance de ma considération la plus distinguée et mes remerciments...

       » Un de vos anciens. »

Si nous vivions tout seuls, faibles comme nous sommes,
Qui pourrait nous sauver des dangers, des besoins ?
C'est la nécessité qui, rassemblant les hommes,
Les force à se donner de réciproques soins.

Aimons-nous, mes enfants, chérissons nos semblables;
C'est de tous les devoirs sans doute le plus doux.
Les cœurs indifférents sont les seuls misérables,
Et toujours nos besoins nous disent : *Aimez-vous.*

Morel—Vindé.

L'AVEUGLE ET LE PARALYTIQUE.

Aidons-nous mutuellement;
La charge des malheurs en sera plus légère :
Le bien que l'on fait à son frère
Pour le mal que l'on souffre est un soulagement.
Confucius l'a dit; suivons tous sa doctrine :
Pour la persuader aux peuples de la Chine
Il leur contait le trait suivant :

Dans une ville de l'Asie
Il existait deux malheureux,
L'un perclus, l'autre aveugle, et pauvres tous les deux.
Ils demandaient au ciel de terminer leur vie :
Mais leurs cris étaient superflus,
Ils ne pouvaient mourir. Notre paralytique,
Couché sur un grabat dans la place publique,
Souffrait sans être plaint; il en souffrait bien plus.
L'aveugle, à qui tout pouvait nuire,
Était sans guide, sans soutien,
Sans avoir même un pauvre chien
Pour l'aimer et pour le conduire.

Un certain jour il arriva
Que l'aveugle à tâtons, au détour d'une rue,
   Près du malade se trouva :
Il entendit ses cris ; son âme en fut émue,
   Il n'est tel que les malheureux
   Pour se plaindre les uns les autres.
« J'ai mes maux, lui dit-il, et vous avez les vôtres :
» Unissons-les, mon frère ; ils seront moins affreux. »
« Hélas ! » dit le perclus, « vous ignorez, mon frère,
   » Que je ne puis faire un seul pas ;
   » Vous-même vous n'y voyez pas ;
» A quoi nous servirait d'unir notre misère ? »
« A quoi ? » répond l'aveugle ; « écoutez : à nous deux,
» Nous possédons le bien à chacun nécessaire ;
   » J'ai des jambes, et vous des yeux :
» Moi, je vais vous porter ; vous, vous serez mon guide ;
» Vos yeux dirigeront mes pas mal assurés,
» Mes jambes à leur tour iront où vous voudrez.
» Ainsi, sans que jamais notre amitié décide
» Qui de nous deux remplit le plus utile emploi,
» Je marcherai pour vous, vous y verrez pour moi. »

FLORIAN

LE COCHON.

Un benêt de pourceau se mit un jour en tête
   Qu'il était quelqu'un d'important ;
   Chose qui n'a rien d'étonnant
   De la part d'une pauvre bête,
   Quand maint pauvre homme en fait autant.
   Ce pourceau, bien gras, bien stupide,
   Bien malpropre, bien paresseux.

S'avisa de penser qu'on était trop heureux
De lui donner bon gîte et pitance solide,

> Le tout pour ses beaux petits yeux.
> Il en conclut qu'il devait être
> Au moins le favori du maître :

« Car, enfin, » disait-il aux autres animaux,

> « Vous qui vous croyez mes égaux,
> » Qu'êtes-vous près de ma personne ?

» Vous, messire cheval, l'avoine qu'on vous donné

> » Est le prix de votre labour ;

» Et si l'on rafraîchit, le soir, votre litière,

» C'est pour vous reposer des fatigues du jour,

» C'est pour recommencer quand revient la lumière.

» J'en pourrais dire autant de ce bœuf encorné,

» A cela près qu'il est un peu moins bien soigné.

> » Quant à notre vache laitière,

» Nous savons dans quel but on la traite si bien,

> » Et pour monsieur Sultan, le chien,
> » Assurément, il peut bien être

» Glorieux de manger à la table du maître ;

» Mais, en veillant la nuit pour chasser les voleurs,

» Il achète un peu cher de semblables honneurs.

> » La brebis, on lui prend sa laine,

» On l'expose à geler dans les nuits de printemps ;

» Puis, elle peut aller grignoter, pour sa peine,

» Quelques turneps flétris sur les coteaux brûlants.

> » Ainsi, dans tous tant que vous êtes,
> » Je vois de malheureuses bêtes
> » Qu'on entretient pour travailler,

» Pour les tondre, les traire, ou les faire veiller.

» D'un pareil sort au mien quelle est la différence !

> » On me soigne, on me nourrit bien,

« Je dors tout à mon aise, et je remplis ma panse,
      » Sans qu'il m'en coûte jamais rien ;
      » Point de travail et point de gêne ;
      » Je vais, je viens, je me promène ;
      » Plus je suis gras et paresseux,
      » Plus mon maître paraît joyeux.
      » Or, ces soins dont on m'environne
      » Gratis, et bénévolement,
      » Me semblent prouver clairement
      » L'importance de ma personne... »
    Peut-être que notre cochon
    Eût parlé longtemps sur ce ton,
Si d'un bras vigoureux le garçon de la ferme,
      Saisissant l'orateur grognon,
      A son discours n'eût mis un terme.
Il poussa de grands cris, se débattit en vain ;
      Il fut garrotté fort et ferme,
Emporté de l'étable ; et dès le lendemain,
      Subissant le sort de sa race,
Notre pauvre pourceau payait sa dette en masse,
En faisant du jambon, du lard et du boudin.

S'imaginer qu'on peut vivre aux dépens des autres,
      Sans jamais rien faire pour eux,
C'est être injuste, fou, sot et présomptueux.
Chacun a ses devoirs, moi les miens, vous les vôtres ;
Chacun doit son écot dans le commun banquet ;
Chacun, dans le trajet, doit porter son paquet.

                          LAURENT DE JUSSIEU.

Sujets à développer.

Charité. — Humanité. — Bienfaisance. — Générosité. — Désintéressement. — Fidélité. — Justice. — Probité. — Amour de la patrie. — Observation des lois. — Insensibilité. — Cruauté. — Injustice. — Avarice. — Fraude. — Ambition. — Envie. — Haine. — Vol. — Vengeance. — Meurtre.

FIN DE LA PREMIÈRE PARTIE.

CORBEIL. — Typ. et stér. de CRÉTÉ FILS.